# CAFÉ WUNDERBAR

## Fragen und Antworten zu einem heißen Getränk

edition chrismon

Bibliografische Information der Deutschen Bibliothek: Die Deutsche Bibliothek verzeichnet diese Publikation in der Deutschen Nationalbibliografie; detaillierte bibliografische Daten sind im Internet über http://dnb.ddb.de abrufbar.

Herausgeberin: Anne Buhrfeind, Illustrationen: Larissa Bertonasco
Umschlaggestaltung und Satz: Lena Gerlach, Hansisches
Druck- und Verlagshaus GmbH, Druck und Bindung: Henrich
Druck & Medien, Frankfurt am Main



Printed in Germany, ISBN 978-3-938704-30-1

# Café Wunderbar

Fragen und Antworten
zu einem heißen Getränk

Anne Buhrfeind (Hg.)
Mit Bildern von Larissa Bertonasco

edition chrismon

# Inhalt

Grappa

## Ah, DAS TUT GUT!

Ein heißer Kaffee, frisch gekocht. Stark, aber bitte nicht zu stark, schwarz für mich, für Sie lieber milchbraun? Kaffee ist ein heikles Getränk. Heikel im Geschmack und heikel als Handelsgut. Die Preise schnellen mal rauf, mal rauschen sie in den Keller. 25 Millionen Familien leben vom Kaffeeanbau. Wie sie davon besser leben könnten, ist auch ein Thema dieses Buches.

Auf den folgenden Seiten werden Sie nicht mit „Kaffee von A bis Z" überschüttet. Das wäre zu viel, eine Überdosis. Hier gibt's nur kleine Schlucke, aber leckere. Ursula Ott erzählt von Männern, die jetzt ihre Espressomaschine anhimmeln, Rafik Schami von Kaffeehäusern in Damaskus, Rainer Moritz vom Flirten und Lesen im Café. Gerlinde Geffers erinnert sich, dass der Nica-Kaffee einst echt scheußlich schmeckte. Eduard Kopp klärt die Sache mit dem Koffein. Schriftsteller und Journalistinnen haben eine anregende Mischung zusammengestellt.

Viel Spaß beim Lesen!

THOMMIE BAYER

# So wurde ich süchtig

Schon als er ein Kind war, stieg ihm der Duft echten Bohnenkaffees aus den Tassen der Großen in die Nase. Heute kann sich der Schriftsteller ein Leben ohne Bohnen nicht mehr vorstellen

Damals, Ende der Fünfziger, sah man noch Borgward, Opel Blitz und Goggomobil auf den Straßen, die Männer trugen Hüte und die Frauen weite Kleider, es gab Lumpensammler, Scherenschleifer und den Milchmann, niemand war Einzelkind oder depressiv, und wenn man einen dicken Menschen sah, dann hatte der es zu was gebracht.

Die Zeit, in der Nylons, Camels und Kaffee eine Währung darstellten, mit der man das Lebenswichtige wie Milch, Kartoffeln oder Brot bezahlte, lag schon zurück, aber man konnte noch ihr Echo hören: im respektvollen Raunen der Männer, wenn sie sich eine angebotene Zigarette ansteckten und nach dem ersten genussvollen Zug „Amerikanische" oder „Virginiatabak" sagten, wie auch im vorfreudigen Glucksen der Frauen, wenn sie zum leisen Rauschen des aus der Packung rieselnden Kaffees, der gleichzeitig mit einem hellen, fast klirrenden Geräusch in die Metallmulde der Mühle fiel, versonnen und glücksbereit sagten: „echter Bohnenkaffee." Die Mühle wurde von Hand bedient, und sie machte ein unschönes, kratzendes, bohnenzerfetzendes Geräusch.

Diesen exklusiven, für Erwachsene reservierten Freuden durfte ich mich nur akustisch und olfaktorisch nähern. Der Klang der Stimmen und der anschließend sich ausbreitende Duft, waren alles, was mir als Kind damals zuteilwurde, aber es reichte mir als Versprechen für die Zukunft, für mein eigenes Erwachsensein – es würde großartig werden: ein Auto steuern, echten Bohnenkaffee trinken, Amerikanische rauchen, und wer weiß, was die noch alles durften, von dem ich noch gar nichts wissen konnte, weil es nicht in meinem Beisein geschah und weder Klang noch Duft als Boten in meine begrenzte, von Verboten und Geheimnissen umzäunte Welt sandte.

Vor diesem Hintergrund ist es eigentlich unverständlich, zumindest seltsam, dass ich mich nicht an meinen ersten Schluck Kaffee erinnere. Irgendwann durfte ich, aber ich weiß nicht einmal mehr, ob ich fünfzehn oder sechzehn war, ob ich den Umstieg von Kakao überhaupt als Aufstieg erlebt habe, ob der erste Schluck mehr als nur einfach bitter war, ob ich das Koffein spürte, es genoss oder verabscheute – vermutlich habe ich mit Unmengen von Zucker den Geschmack, den ich als Duft schon ahnungsweise kannte und vielleicht so ähnlich erwartet hatte, gleich mal gründlich ruiniert. Und dabei blieb ich viele, viele Jahre lang.

Morgens vor der Schule vermochten allerdings nicht mal die vier Löffel Zucker, die ich pro Tasse nahm, das grauenhaft starke Gebräu, das meine Mutter uns hinstellte, zu retten. Ich trank meist einen Schluck, weil ich jeden Morgen aufs Neue glaubte, diesmal wird er trinkbar sein, aber dieser eine Schluck war wie ein Tritt in den Magen – es war unmöglich, diesen Kaffee zu trinken, ohne dass einem das Herz aus dem Leibe und das eben gegessene Marmeladenbrot aus der Speiseröhre sprang. Meine Mutter schien entschlossen, die Zeit, in der sie Zichorienkaffee

nostalgia

hatte trinken müssen, zu kompensieren, indem sie nur noch diesen extrem starken Stoff machte – etwas anderes, Dünneres, kam nicht mehr infrage.

Der Zichorienkaffee war verpackt gewesen wie eine Erbswurst, nur nicht in Grün und Gelb, sondern rot-weiß und in dicke braungraue Tabletten unterteilt. Bei Kindergeburtstagen oder Konfirmationen gab es manchmal Caro-Kaffee, der schmeckte besser und hatte ein feuerwehrrotes Trapez auf der Kartondose. Kakao war mir lieber: Kaba, der Plantagentrank. Den konnte man auch trocken löffeln, heimlich natürlich, weil das ja Verschwendung war, oder in die Haferflocken mischen, was ich gerne tat. Mit sehr viel Zucker selbstverständlich.

Im Wohnzimmerschrank stand neben den bunten Likörgläsern aus Murano auch ein kleines Mokkaservice mit Gold- und Blumenmustern, das wurde aber nie herausgenommen. Dennoch wies es auf eine andere, kultiviertere, festlichere und überdies exotische Art des Kaffeetrinkens hin, die bei uns aber nie zelebriert wurde. Es hieß, dass in anderen Ländern, zum Beispiel in Österreich, auch Mokka getrunken werde. Bei uns blieb das Service als reine Zierde im Schrank und wurde nicht benutzt. Vielleicht weil das, was meine Mutter sich und uns eingedenk der „schweren Zeit“ gönnte, nur in der Menge, nicht aber in der Stärke anders als Mokka war.

Irgendwann war die alte hölzerne, hässliche Kaffeemühle verschwunden, und eine elektrische kündigte das nahe Frühstück an mit ihrem hellen Rasseln und Heulen – sie klang fast wie ein Miniaturrennwagen, so wie man sich gleich fühlen würde, falls man es schaffte, den ersten und einzigen Schluck Kaffee bei sich zu behalten: beschleunigt von null auf hundert in weniger als einer Sekunde.

Später, draußen in der Welt, im richtigen Leben, tauchten dann Variationen auf – es war nicht mehr immer nur der nackte Filterkaffee, sondern auch mal löslicher in Pulverform oder mit Schlagsahne (fand ich gut), mit Cognac (fand ich männlich), dann mit heißer Milch (fand ich großartig, wie alles, was es in Frankreich gab), aufgekocht als griechischer oder türkischer Mokka (war mir zu bröselig), dann mit Dampfdruck aus der Maschine beim Italiener, stark wie Espresso, aber in einer großen Tasse und trotz der Stärke kein Tritt in den Magen. Im Speisewagen der DSG gab es irgendwann Schümli-Kaffee, der hatte schon so was Ähnliches wie eine Crema auf der Oberfläche, aber schmeckte im Wesentlichen wie normaler Filterkaffee, den ich nun immer öfter links liegen ließ, weil er mit dem italienischen einfach nicht mithalten konnte.

Ich weiß nicht mehr, wann ich den ersten Cappuccino meines Lebens trank, auch nicht, wann es der erste gute war. Auf San Marco in Venedig vor dreißig Jahren? Für mindestens acht, vielleicht aber auch schon zwölf Mark? Eher nicht. Ich vermute, der erste wirklich gute, mit samtweichem Schaum und Schlieren von der Crema, stand irgendwann an irgendeiner Raststätte in

Italien vor mir und hatte zweitausend Lire gekostet – oder in irgendeiner unlegendären Bar irgendwo auf dem Weg zu einem mythenumrankten Ziel wie der Piazza del Campo in Siena, dem Ponte Vecchio in Florenz oder der Spanischen Treppe in Rom.

So, wie der richtig gute Cappuccino wirkt, nämlich weich, auf Samtpfoten, dezent und ohne Fanfaren, so kam er auch in mein Leben, hat sich eingeschlichen, alles andere deklassiert, Frankreich, Griechenland und Amerika zu Reiseländern zweiter Klasse herabgestuft und dem Gesamtkunstwerk Italien mit seiner landschaftlichen, architektonischen, modischen, önologischen und kulinarischen Schönheit noch den Tupfen auf dem i verpasst, der mir zu meinem Glück noch gefehlt hatte.

Glück mag ein großes Wort sein, ein zu großes ist es nicht. Ich habe eine italienische Maschine in der Küche, einen Kaffeeröster um die Ecke und immer genügend Milch im Kühlschrank – das Eiscafé unten im Hof lockt mich nicht, der Cappuccino dort ist schlechter. Schon wenn ich die hübsche Dose aufdrehe und den Duft in der Nase habe, wenn ich das Kaffeepulver im Sieb mit dem Stempel andrücke, wenn der dichte, hellbraune Strahl zum leisen Brummen der Pumpe in die Tasse fließt und ich später die fauchende Schaumdüse in der Milch versenke, bin ich glücklich. Jedes Mal. Beim ersten Schluck dann erst recht. Und das bis zu sechs, sieben, acht Mal am Tag. Das schaffen die Zigaretten nicht, von denen ich mehr konsumiere, und auch nicht der Wein, auf den ich ebenso wenig verzichten mag.

Alles hat seine zwei Seiten: Jetzt bin ich verwöhnt, und mein Glück ist zerbrechlich. Immer wenn ich auf Reisen bin, bekomme ich es mit der Fallhöhe zu tun – der Cappuccino ist nur selten gut. Da die meisten Menschen nicht wissen, dass man nur eine Espressomenge in die Tasse fließen lassen darf, dass der Milchschaum weder blasig noch grau sein sollte und dass diese Knopfdruckmaschinen, die alles auf einmal ausspucken, sich zu einer guten Maschine in etwa verhalten wie ein Telefon zu einer Hi-Fi-Anlage, bekomme ich oft nur flüssigen Schund. Sogar bei Italienern, die im Ausland offenbar vor lauter Anpassungsbereitschaft ihre Qualitäten vergessen und zum Beispiel den Salat in weißer Soße ersäufen, anstatt ihn mit Olivenöl und Essig separat auf den Tisch zu stellen. Die müssten alle mal bei Starbucks hospitieren. Ausgerechnet eine amerikanische Firma macht grandiosen Cappuccino. Immer und überall auf der Welt. Man muss dafür Schlange stehen, eine Kindergarteneinrichtung übersehen und sich neuerdings sogar mit Vornamen vorstellen, aber das ist es wert. Ich bin uneingeschränkt einverstanden mit dieser Form amerikanischer Hegemonie – sie garantiert mir gelegentliches Glück.

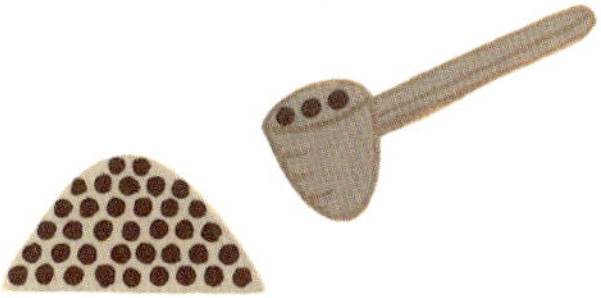

RAFIK SCHAMI

Ein gebürtiger Syrer ist genau der Richtige, um die Geschichte des Kaffees von Anfang an zu erzählen

# Wie alles begann

Woher das Wort Kaffee kommt, ist nicht mit letzter Sicherheit zu klären. Es kann vom äthiopischen Wort Kaffa (Bezeichnung einer Provinz in Südwestäthiopien, wo Kaffee angebaut wurde), aber auch vom arabischen Wort Kahwa herrühren, das früher für Wein und alle anregenden, aber appetitzügelnden Getränke benutzt wurde. Das Wort Mokka hingegen ist eindeutig, es stammt von dem arabischen Wort Mocha ab, das die Hafenstadt im Jemen bezeichnet, aus der der Kaffee geliefert wurde.

Wer hat den Kaffee entdeckt? Wer hat ihn zum ersten Mal gekocht? Keiner weiß es, die Legenden erzählen viel darüber.

Angeblich hat ein Schäfer in Äthiopien, der wahrscheinlichen Urheimat der Kaffeebohne, gemerkt, dass seine Ziegen eine sonderbare Unruhe und ein merkwürdiges Verhalten zeigten, wenn sie von einer bestimmten Pflanze fraßen.

Diese Geschichte wird mancherorts um eine Fortsetzung ergänzt. Der Schäfer brachte wie jedes Jahr dem Abt eines Klosters kurz vor Ostern ein Zicklein. Der Abt hatte ihm dafür jedes Jahr die Herde gesegnet. Da beschwerte sich der Abt beim Schäfer über seine Mönche, die in letzter Zeit so schläfrig geworden seien und die Nachtgebete verschliefen. Und da soll der Schafhirt seinem Hirtenkollegen empfohlen haben, die Mönche sollten die Beeren des zauberhaften Strauches probieren, und er sei sicher, sie würden so lebendig wie seine Ziegen.

Unrecht hatte der Mann nicht. Aus den weißen Blüten wachsen rote kirschenähnliche Früchte, deren Samen nach dem

Trocknen, Schälen und Waschen graugrüne Kerne ergeben, arabisch Bunn, Kaffeebohne, genannt.

Der arabische Kaffee, Coffea arabica, stammt aus Äthiopien. Die Pflanze gibt die besten und aromatischsten Kaffeebohnen, aber sie ist anfällig für Krankheiten und wächst nur in hohen Lagen, deshalb wurde sie mit den robusteren Sorten gekreuzt.

Die grünen Samen sind ungenießbar. Erst durch das Rösten wird ein Teil des im Samen enthaltenen Zuckers karamellisiert, die ungenießbaren Gerbsäuren und Eiweiße werden durch das Rösten zerstört. Dadurch entstehen eine Menge Aromastoffe, die dem Kaffee seinen typischen Duft geben. Der arabische Kaffee ist stark geröstet, die Bohnen werden dabei schwarz. Er schmeckt kräftiger als der in Europa übliche braune Kaffee, aber er ist bei weitem magenfreundlicher, da durch das längere Rösten mehr Gerbsäuren zerstört werden.

Wann man damit anfing, die Bohnen zu rösten, ist unbekannt, aber sicher war es vor 875, denn seit diesem Datum wurden die Bohnen von Äthiopien nach Persien gebracht und von dort nach Arabien. Die Zubereitung ähnelt spätestens ab diesem Datum unserem heutigen Verfahren.

Ab 1450 wurde der Kaffee vermehrt auch im Jemen angepflanzt. Im Lauf des 15. Jahrhunderts wurde der Kaffee zu einem populären Getränk. Bald wurde er so beliebt, dass, als ein strenggläubiger Gouverneur der heiligen Stadt Mekka 1512 den Kaffee als sündiges Genussmittel bezeichnete und verbot, ein Aufstand

in der Stadt ausbrach, der zum Sturz des lustfeindlichen Amtmanns führte. Sein Nachfolger erlaubte den Kaffee wieder.

Der Kaffeegenuss fand aber keine rasche Verbreitung. Seine Karriere ähnelt sehr der von Tabak und Haschisch. Zuerst wurden diese Genussmittel in den Kreisen der Sufis genommen, die unter der osmanischen Herrschaft in ganz Arabien zu finden waren. Diese Kreise waren immer offen gegenüber Substanzen, die ihre spirituellen Übungen förderten. Die nächtlichen Exerzitien waren anstrengend, deshalb experimentierten die Sufis

1a 1b

viel mit Pflanzenextrakten, um bei ihren Ritualen (Tanz und Gesang) wach zu bleiben. Von diesen Kreisen ausgehend, verbreiteten sich die Genuss- und Rauschmittel, und sie wurden von ihren Gegnern, den konservativen Gelehrten, immer wieder angegriffen, was zeitweise zum Verbot und zu härtesten Strafen gegen ihre Genießer führte.

Nicht nur in Mekka, sondern in allen damaligen Metropolen des Orients, Damaskus, Kairo und Istanbul, wurde der Genuss von Kaffee als Schärfer des Bewusstseins gelobt und zugleich gerade deswegen von anderen getadelt. Der Kaffee machte alle Stufen durch, von ausgesprochenen Lobeshymnen der Herrscher und ihrem klaren Bekenntnis zum Kaffeekonsum bis zur Drohung mit der Todesstrafe gegen jeden, der nur einen Schluck Kaffee trank. Der Konflikt spitzte sich manchmal so zu, dass er zu Fatwa und Gegenfatwa der Islamgelehrten führte.

Das erste Kaffeehaus der Welt wurde wahrscheinlich im Jahre 1530 in Damaskus eröffnet. Es trug den Namen „Rosen-Café“. Das erste Kaffeehaus in Istanbul eröffneten zwei Syrer im Jahr 1574. Bald war das Kaffeehaus, es hieß damals Kahwekhane, ein Treffpunkt der Intellektuellen, wo sie Backgammon spielten und den Versen der Dichter lauschten. Es dauerte nicht lange, da wurden an allen Ecken Kaffeehäuser eröffnet. Die strengen Islamgelehrten sahen in dieser neuen Mode eine feindliche

Konkurrenz der Moschee. Sie gingen so weit, das Kaffeehaus für noch teuflischer als die Weinlokale zu halten, und hörten nicht auf, gegen sie zu hetzen, bis Sultan Murad III. (1574-1595) alle Kaffeehäuser schließen ließ, nachdem man ihm auch noch hinterbracht hatte, dass in diesen Häusern politisch diskutiert und seine Herrschaft kritisiert würde. Dieses Verbot hielt lange. Erst am Ende der Herrschaft von Mehmed IV. (1648-1687) wurde der Verkauf von Kaffee wieder erlaubt, und langsam öffneten auch die Kaffeehäuser in vielen Metropolen des Osmanischen Reichs wieder ihre Tore.

Die Kaffeehäuser machten eine lange und komplizierte Entwicklung durch. Erst waren sie nur der Oberschicht vorbehalten, langsam wurden sie aber für jedermann zugänglich. Der Besuch des Kaffeehauses blieb jedoch eine absolute Domäne der Männer. Im christlichen Viertel von Damaskus nannte man manche Lokale, vor allem mit Gartenwirtschaft, Kahwet ,A'ilat, Familiencafé. Das ist aber eine Täuschung. Dies sind keine Kaffeehäuser, sondern eher Restaurants.

Die arabischen Cafés waren nie bequem, und sie sind es bis heute nicht. Nicht selten sind sie scheußlich dekoriert, und von der Decke baumeln nackte Glühbirnen, oder es hängen dort die noch hässlicheren Neonröhren, die eher an ein Krankenhaus oder Zollamt erinnern als an das schöne Damaskus. Trotzdem füllen sich die verrauchten Cafés Nacht für Nacht. Die Männer zwängen sich auf hölzerne Bänke und vorsintflutliche Stühle, um in aller Ruhe ihre Wasserpfeife zu rauchen, Kaffee und Tee zu trinken, dem Schatten- und Puppentheater beizuwohnen, dem Hakawati, dem Kaffeehauserzähler, oder den Geheimnissen der Stadt zu lauschen.

Da Damaskus seit über fünfhundert Jahren keine Freiheit des Wortes kennt und die offiziellen Nachrichten eher gelogen als wahr sind, spielt das Café eine entscheidende Rolle im Nachrichtensystem der Bevölkerung.

Der französische Dichter Lamartine besuchte Damaskus im Jahre 1832. In seinem Buch „Voyage en Orient" erzählt er sinngemäß: Das Kaffeehaus ist die einzige Möglichkeit der Begegnung für die Damaszener. Hier rauchen sie und trinken Kaffee und unterhalten sich mit ihren Freunden. Hier werden, fast lautlos, die Aufstände vorbereitet, die von Zeit zu Zeit die Stadt erschüttern. Die schweigsame Unruhe verbirgt sich eine lange Zeit, um dann zu explodieren, wenn keiner es erwartet.

Kurz vor Lamartines Besuch hatten die Damaszener gegen ihren Gouverneur Selim Pascha revoltiert und seine Truppen besiegt. Man sagt vom Damaszener, er liebe drei Dinge: das Sitzen, die Wasserpfeife und den Kaffee. Von Familie keine Rede. Es gehört zu den täglichen kleinen Freuden der Männer, sich von der Familie abzusetzen und dort die Kontakte zu den Freunden zu pflegen. Nicht selten ist ein arabischer Mann ein großartiger Junggeselle, aber als Familienvater ist er unter dem Durchschnitt.

Ein kleines unbekanntes Café neben der Omaijadenmoschee heißt bezeichnenderweise „Kahwet Chabbini“ (Café Versteck mich), hier sollten die Männer hingehen, deren Familie sie im nahen, bekannteren „Café Naufara“ vermutet. Wenn nämlich ein Angehöriger den Wirt nach einem Gast fragt, schwört dieser, er habe den Mann seit Jahren nicht gesprochen. Dabei lügt er nicht, denn er bedient und kassiert schweigsam.

KATHARINA NICKOLEIT

# Kaffee macht abhängig

Was eines der wichtigsten internationalen Handelsgüter kostet, wird an den Börsen in New York und London entschieden. Die 25 Millionen Produzenten reden da nicht mit

Die Kaffeefrüchte sind eingebracht, jetzt geht es für Adilio Gilles darum, dass auch die nächste Ernte gut wird. Gemeinsam mit seinem Sohn und drei Landarbeitern steht der Kaffeebauer auf seiner Pflanzung im brasilianischen Bundesstaat Espirito Santo und düngt seine Büsche. Er ist zuversichtlich: „Im Moment sieht es ganz okay aus. Die Preise sind wieder gestiegen, und das Wetter meint es gut mit uns." Beides, das weiß er, kann sich jederzeit wieder ändern.

Ende der 90er Jahre kannte der Weltmarktpreis für Kaffee nur eine Richtung, und die führte steil nach unten. 189 US-Dollar kostete ein 60-Kilo-Sack Rohkaffee der Sorte Arabica 1997. Doch nachdem auch asiatische Bauern anfingen, Kaffee anzubauen, gab es ein weltweites Überangebot, das den Kaffeepreis am 4. Dezember 2001 auf seinen historischen Tiefstand von 41,50 US-Dollar pro Sack sinken ließ.

80 Prozent der Kaffeeproduzenten sind Kleinbauern, oft mit keiner oder nur geringer Schulbildung. Wie der internationale Börsenhandel funktioniert, davon verstehen sie nicht viel, die Preisschwankungen spüren sie dafür umso heftiger. Egal, welche Preise die Börse vorgibt – die Kaffeebauern müssen verkaufen, selbst wenn sie vom Erlös nicht mal die Erzeugungskosten decken können. Das war die Kaffeekrise: Es lohnte sich nicht mehr, die Felder zu pflegen, viele Bauern pflanzten Koka statt Kaffee oder wanderten in die Slums der Städte ab. Auch deswegen steigt der Kaffeepreis inzwischen wieder, im Oktober letzten Jahres

brachte ein Sack 91 US-Dollar ein. Denn Kaffee, und ganz besonders qualitativ hochwertiger, ist knapp geworden, und die Kaffeeindustrie reagiert. „Es ist ein Irrtum zu glauben, dass ein möglichst niedriger Rohkaffeepreis in unserem Interesse liegt. Ein angemessenes Einkommen der Produzenten ist Grundbedingung dafür, dass sie auch zukünftig die hohen Qualitäten hervorbringen, die wir für unser Sortiment benötigen", sagt Cornel Kuhrt, die bei Tchibo für Corporate Responsibility, die soziale Verantwortung des Unternehmens bei der Kaffeeproduktion, zuständig ist. Der „Common Code for the Coffee Community", kurz 4C genannt, soll deshalb künftig für eine nachhaltigere Kaffeeproduktion sorgen, Mitglieder sind unter anderem Nestlé, Kraft und Tchibo sowie Kaffeeverbände in den Produktionsländern. Moderiert und organisiert wird der 4C-Prozess von der Gesellschaft für Technische Zusammenarbeit (GTZ).

Aber was genau bedeutet „nachhaltige Kaffeeproduktion"? Eine Liste mit Ausschlusskriterien verbietet beispielsweise Zwangsarbeit und extreme Formen von Kinderarbeit, die Rodung von Primärregenwald, um Anbauflächen für Kaffee zu schaffen, oder die Verwendung verbotener Pestizide. Daneben gibt es einen Katalog mit 30 verschiedenen Standards, die unter anderem festlegten, dass sich Arbeiter gewerkschaftlich organisieren dürfen, dass sie Verträge erhalten und dass Überstunden bezahlt werden sollen. Ab Oktober 2007 soll es den ersten 4C-Kaffee im Handel zu kaufen geben.

Der „Faire Handel" – das ist ein informeller Verbund von Organisationen, die auf mehr Gerechtigkeit setzen und die kleinbäuerliche Produzentenstruktur in den Ländern des Südens sichern wollen – beobachtet das, was sich da mit 4C auf dem Kaffeesektor tut, mit Argusaugen. Das Konzept des Fairen Handels ist es, den Bauern für ihren Kaffee einen festen Preis, deutlich über dem Weltmarktpreis, zu zahlen. Thomas Speck, Geschäftsführer des Fairen Handelsunternehmens GEPA, eines Pioniers auf diesem Gebiet, glaubt nicht, dass 4C etwas Vergleichbares leisten kann: „Das Hauptproblem der Bauern liegt darin, dass für Kaffee einfach nicht genug bezahlt wird. Auch 4C wird keine Mindestpreise garantieren. Das tut nur der Faire Handel."

Wenn Adilio Gilles sich etwas wünschen könnte, dann wäre es Preissicherheit. „Wir wissen nie, wie viel wir letztendlich für unseren Kaffee bekommen, wie hoch der Gewinn sein wird und wie viel wir ausgeben können. Wir können einfach nicht richtig kalkulieren." Doch für ein an der Börse gehandeltes Gut kann es keine Preisgarantien geben, davon ist man bei Tchibo überzeugt. Statt auf feste Preise für die Erzeuger setzt 4C deshalb darauf, dass die Kaffeebauern lernen, effektiver zu arbeiten und eine höhere Qualität zu produzieren, die dann auch mehr Geld bringt. „Es sind oft ganz einfache Dinge, die wir sie lehren: Wie viel Dünger brauche ich wirklich? Wie dicht können die Kaffeebüsche gepflanzt werden? Welche Kaffeesorte ist unanfälliger für Krankheiten? Wie kann Erosion vermieden werden? Viele

Kaffeebauern wissen so etwas nicht“, erklärt Carsten Schmitz-Hoffmann von der GTZ. Das Pilotprojekt im brasilianischen Bundesstaat Espirito Santo gibt 4C recht. Seit zwei Jahren werden über den örtlichen Kaffeeverband Workshops angeboten, an denen auch Adilio Gilles teilgenommen hat. „Seitdem haben sich meine Kosten um zehn Prozent verringert, und ich habe 20 Prozent mehr Einnahmen, weil sich die Qualität und der Ertrag meines Kaffees verbessert haben.“ Meint Adilio Gilles und sieht dabei sehr zufrieden aus.

Doch die 4C-Initiative ist noch nicht in einem Stadium, in dem einzelne Fakten überprüft werden könnten. Vorerst bleiben viele Fragen offen. Können wirklich 25 Millionen Kaffeebauern über Workshops erreicht werden? Wird man die Einhaltung der Standards kontrollieren können? Und werden die Bauern tatsächlich einen besseren Preis für ihren Kaffee bekommen? Zunächst einmal müssen sie in Vorleistung treten. Ihren Arbeitern sauberes Trinkwasser zur Verfügung zu stellen und leere Düngerkanister richtig zu entsorgen, das kostet Geld. „Die Rechnung geht für die Bauern nicht auf. Sie haben höhere Kosten, bekommen dafür aber im Gegenzug weder eine Garantie, dass die Kaffeekonzerne möglichst viel von dem Kaffee aufkaufen, noch einen Preisaufschlag“, sagt Thomas Speck von der GEPA, dem Marktführer bei fair gehandeltem Kaffee in Deutschland. „Die Kaffeeindustrie geht mit 4C letztlich keinerlei Verpflichtungen ein, und große Kosten entstehen dadurch auch nicht. Verpflichtet werden nur die Bauern. 4C kommt deshalb nur der Industrie zugute."

Die großen Röster allerdings sind zuversichtlich, dass sich der 4C-Kaffee gut verkaufen wird und dass dafür dann auch höhere Preise verlangt und an die Bauern weitergegeben werden können. Wann das so weit sein wird und wie viel höher der Preis zu diesem Zeitpunkt sein kann, das bleibt ungewiss.

Auf jeden Fall muss der Kaffee dann auch entsprechend vermarktet werden. Auf die Packungen wird zwar kein Logo aufgedruckt, aber Speck geht davon aus, dass die Unternehmen ihren Kunden schon erklären werden, was der Kodex bedeuten soll. „Damit dient ein Standard auf äußerst niedrigem Niveau den Kaffeekonzernen als Marketinginstrument. Aber es ist doch ein großer Unterschied, ob Umweltsünden vermieden und Mindeststandards eingehalten werden – oder ob tatsächlich nachhaltige Kaffeeproduktion betrieben wird und die Produzenten wirklich fair behandelt werden." Thomas Specks Hauptbefürchtung ist, dass dieser Unterschied dem Verbraucher nicht klar vermittelt werden wird. Bei Tchibo plädiert die Abteilung Corporate Responsibility für Gelassenheit: „Wir wollen mit 4C nicht den Fairen Handel aushebeln, sondern dazu beitragen, dass nicht nur für dieses kleine Marktsegment nachhaltig produziert wird, sondern auch für den Mainstreammarkt."

Anzunehmen, dass der Faire Handel mit seinem Mehrpreis eine Lösung für die Probleme von 25 Millionen Kaffeebauern sein könnte, ist reine Utopie. Da spielen schon die Verbraucher nicht mit. Zwar wachsen die Umsätze fair gehandelter Produkte, dennoch macht sogenannter fairer Kaffee in Deutschland nur ein Prozent des Gesamtumsatzes aus. Zum Vergleich: In England sind es schon 20 Prozent. „Mit einem Konzept wie 4C kann man mehr in die Breite gehen", räumt Thomas Speck ein. Genauer: Während 4C niedrigere Standards für viele bietet, gibt es beim Fairen Handel hohe Standards für wenige. Und trotz aller Kritik ist man bei der GEPA auch ein bisschen stolz auf das, was sich da gerade in der Kaffeeindustrie tut. „Der Faire Handel hat da etwas angestoßen. Die Konsumenten verlangen heute die Einhaltung sozialer Standards von den Konzernen." Die Vertreter von Tchibo stimmen ihm zu: „Das Bewusstsein hat sich verändert. Dazu hat der Faire Handel viel beigetragen, denn er hat das Interesse der Verbraucher für die Produktionsbedingungen geweckt. Wir können es uns heute nicht mehr leisten, das zu ignorieren."

Ob das Interesse der Kaffeetrinker an den Lebensbedingungen von Bauern wie Adilio Gilles tatsächlich etwas verändern wird? Ganz gleich, ob er mit Hilfe von 4C künftig für seinen Kaffee etwas mehr bekommt als bisher – er und 25 Millionen andere Kaffeebauern werden weiterhin davon abhängig sein, wie ihr Kaffee in New York oder London an der Börse bewertet wird. ■

cafe News

RAINER MORITZ

# Mit dem Roman ins „Romann"?

Was macht man im Café? Für den Autor ist das keine Frage. Man liest. Bloß: was? Kommt aufs Café an!

Nein, nichts gegen Teetrinker. Das sind feine, gebildete Menschen, oftmals mit einem Hang, sich auch den spirituellen Dingen des Lebens gegenüber zu öffnen. Ich selbst trinke Tee heute nur noch in Notfällen. Etwa wenn ich bei betagten Witwen eingeladen bin, die mir liebevoll Schwarztee servieren und die ich nicht in die Küche zurücktreiben will. Oder wenn mir im zum Glück seltenen Erkältungsfall geweissagt wird, dass Heilung nur durch den Genuss von Kräuterteemischungen möglich werde.

Mich wie früher in solchen Fällen, ein Handtuch über dem Kopf, vor eine Schüssel mit glühend heißem Tee zu setzen und dessen Dämpfe zu inhalieren, das kommt freilich nicht mehr infrage.

Ich bin, Sie merken es, Kaffeetrinker aus vollem Herzen. Keiner von denen, die sich in den Feinheiten der Bohnenvielfalt auskennen, aber auch keiner von den Gedankenlosen, die es als Auszeichnung empfinden, wenn man, wie in amerikanischen Diners, Plörre bis zum Abwinken nachgeschenkt bekommt. Ich bevorzuge Kaffee schwarz, schlicht und echt, ohne Zugabe von Zucker und Milch. Damit stehe ich, das weiß ich, nicht im Einklang mit den Einflüsterungen des Zeitgeistes. Denn wo sich die Latte-macchiato- und Cappuccino-Wellen unentwegt über uns ergießen und wo uns Ketten wie Starbucks oder Balzac Coffee erschütternde Kreationen wie Apple Cinnamon Latte anbieten, da wirkt der Wunsch nach einer einfachen Tasse Kaffee (gern auch als „Kännchen“ oder „Portion“) wie ein Relikt aus steinalten Zeiten.

Allein deshalb gilt es, genau zu bedenken, wo man – vom häuslichen Ambiente abgesehen – sein Schälchen Kaffee, einen herrlichen Schümli zum Beispiel mit schöner Crema, zu sich nimmt. Vorbei sind die Tage, als man sich zu Schulzeiten in den Hohlstunden unendlich lange im Stehcafé aufhielt, bei einer Tasse dünnem Kaffee für 50 Pfennige, den Inhaber zum Wahnsinn treibend. Nein, und ein neumodischer „coffee to go“ soll es bitte auch nicht sein – ich möchte mich zurückziehen in ein Café, noch besser: in ein Kaffeehaus alten Stils, dessen schwere Portale mich in eine abgeschottete Welt führen, wo ich mindestens zwei Stunden lang alles Draußen vergessen kann. Man ahnt es bereits: Ich bin kein Freund schicker Designercafés, die lichtdurchflutet sind und dazu nötigen, auf extravaganten, wahnsinnig unbequemen Stühlen Platz zu nehmen.

Ein Kaffeehaus – so meine wertkonservative Auffassung – hat auszusehen wie ein Kaffeehaus, da bin ich gegen jede Veränderung. Schließlich nutze ich diese Einrichtungen nicht nur, um mich mit Koffeineinnahme auf Vordermann zu bringen. Nein, wenn ich ins Kaffeehaus gehe, lese ich, mindestens zwei Stunden lang. Zuerst vielleicht die aushängenden Zeitungen – auch das ein Qualitätsindikator! – und dann sofort einen dicken Roman. Menschen lesen, das ist bekannt, an unterschiedlichsten und ungewöhnlichsten Orten. Manche brauchen ihren Ohrensessel, andere die Badewanne oder das Bett; jene lesen am liebsten auf einer Parkbank, um den Blick verklärt in blinkende Buchenblätter abrutschen zu lassen, und diese genießen es, sich lesend im Zug fortzubewegen. Und ganz andere – wie Oberkritiker Marcel Reich-Ranicki – betonen, dass sie sich, korrekt gekleidet, der Lektüre eines literarischen Werkes ausschließlich am Schreibtisch widmen.

Ich lese am liebsten im Kaffeehaus, versteckt in einem Eck sitzend, rasch einen „Großen Schwarzen“ ordernd, die anderen Gäste kurz musternd und mich dann ins Buch versenkend.

Natürlich ist das Kaffeehauslesen kein rundum konzentriertes Lesen; man sitzt dort auch, um ein bisschen von der Welt drum herum mitzubekommen. Mit halbem Ohr lausche ich, was die Menschen neben mir bestellen, wie Paare über die Vorzüge der Biskuitrolle oder über den Sinn ihres Zusammenseins debattieren, welchen Höflichkeitsgrad die Kellner aufbringen. Und mit halbem Auge prüfe ich, welche Neuankömmlinge sich ins Heilige wagen, lächele darüber, wie hilflos selbst erfahrene Zeitgenossen sind, wenn sie im Eingangsbereich eines Cafés stehen, nicht wissend, wohin sie sich wenden sollen, und will selbstverständlich herausfinden, was sich die anderen Leser mit ins Kaffeehaus genommen haben. Ob da eine den Zukunftsthriller von Michael Crichton oder ob da eine Adalbert Stifters Erzählungen vor sich liegen hat, das ist von höchster Aussagekraft, und hieße es, einen zarten Flirtkontakt herzustellen, dann wüsste ich sofort, an wen ich mich wenden würde.

Lesen, Bleistiftanstreichungen anbringen, einen Schluck Kaffee trinken, einen (solange es erlaubt ist) Zigarillozug nehmen, aufblicken, melancholisch die Kronleuchter bewundern, der Stifter-Leserin zulächeln, weiterlesen … und dann irgendwann überlegen, ob es an der Zeit sein könnte, einen kleinen Imbiss einzunehmen. Kaffeehäuser sind nicht dazu angetan, zu großen Mahlzeiten und üppigen Menüs zu verleiten. Im Café traditioneller Prägung möchte ich eine überschaubare Stärkung zu mir nehmen, ein Gericht, das meinen Magen nicht blockiert und das

Conditorei-Cafe
Romann

mir vor allem durch seinen altmodischen Charakter gefällt. Ideale Kaffeehausmahlzeiten bestehen aus Debrecziner (ersatzweise: Frankfurter) Würstchen mit (scharfem) Senf und trockenem Brötchen (österreichisch: Gebäck), aus einem Toast Hawaii (mit laschem Weißbrot, Formschinken, klassisch geschnittener Dosenananas und einer Scheibe Schmelzkäse obendrauf) oder aus leicht pampigem Ragout fin in bröckelnden Blätterteigpastetchen, verfeinert durch einen kleinen Zitronenschnitz und einen Spritzer Worcestersoße (bei deren Aussprache man gleichzeitig die Fremdsprachenkenntnisse der mäßig freundlichen Bedienung testen kann).

So, liebe Kaffeetrinkerinnen und Kaffeetrinker, soll es in meinem Lieblingscafé zugehen. Unschwer lässt sich erahnen, dass nur wenige Häuser meine völlige Zustimmung finden. Wo immer mich ein privater oder beruflicher Weg hinführt, erprobe ich sofort die Güte der dortigen Lokalitäten. Enttäuschung ist dabei die übliche Erfahrung – wie sollte es anders sein? –, doch manchmal, in lichtdurchschienenen Momenten, stoße ich auf Orte, die meiner gestrengen Prüfung standhalten und die sich meiner Best-of-Liste annähern. Auf deren Medaillenrängen rangieren gegenwärtig folgende Cafés; ihren Besuch kann ich wärmstens empfehlen:

BRONZE Wie kann es sein sein, dass auf dem dritten Platz ein Café rangiert, das ich bislang erst ein einziges Mal besucht habe? Es muss damit zu tun haben, dass mir vom ersten Moment an das Herz aufging, als ich das „Café Jansen“ (Obenmarspforten 7, 50667 Köln) betrat. Parallel zur lebhaft-anstrengenden Hohen Straße in Kölns Innenstadt gelegen, wirkt das elegant plüschige Interieur so, als ob Konrad Adenauer immer noch Bundeskanzler wäre. Doch auch als Nicht-CDU-Wähler fühlt man sich zwischen den Säulen und den farbigen Wandbespannungen dieses Cafés sofort heimisch. Das Kernstück, ein manegenartiger Rundbau, bietet genügend Rückzugsmöglichkeiten. Man sieht alles, hört nicht alles, kann sich lesend zurücklehnen, und die Speisekarte ist – siehe oben –, wie sie sein sollte. Und was lesen im „Jansen“? Vielleicht einen typischen Kaffeehausliteraten, den 1919 verstorbenen Peter Altenberg, dessen Sammlung feiner Momentaufnahmen vor kurzem neu aufgelegt wurde („Wie ich es sehe“. Manesse Verlag). Die Altenberg-Lektüre schützt auch davor, sich selbst als Caféschreiberling zu versuchen. Denn allzu schnell wirkt es lächerlich, wenn Menschen sich zwischen Nusstorte und Gulaschsuppe (eigene Herstellung) als genialische Lyriker gerieren und mit melancholisch verhangenem Blick permanent Notizen in eine Moleskinekladde eintragen. Das sollte man bleiben lassen.

SILBER Ja, ich weiß, es ist alles andere als originell, ein Wiener Kaffeehaus zu nennen, und dann noch eines, das für literarisch Bewanderte längst zu einem Wallfahrtsort geworden ist, in kaum einem Reiseführer fehlt und von Einheimischen eher mit Skepsis betrachtet wird. Aber es ist nun mal so: Wenn ich nach Wien komme, führt mich der erste Weg in die Nähe der Hofburg, ins „Café Bräunerhof" (Stallburggasse 2, A-1010 Wien). Seit Menschengedenken – oder sagen wir: seitdem Thomas Bernhard hier grummelnd an seinem Stammplatz saß und las – hat sich hier nichts Wesentliches verändert. Die Kellnerschaft ist wie immer von verhaltener Freundlichkeit, das Angebot an Apfel- und Topfenstrudel von geringer Opulenz, die Sitzbankbespannung an der Grenze zum Siffigen und die Toilette von bescheidener Anmutung. Doch wo anders ließe sich so unbeschwert entspannen, wo hätte man ein vergleichbares Gefühl gelassen dahinfließender Zeit? So hält das „Bräunerhof" seinen Medaillenrang, und die Frage, welches Buch man hier lesen soll, ist rasch beantwortet: natürlich Thomas Bernhards „Wittgensteins Neffe" (Suhrkamp Verlag), die autobiografische Geschichte der Freundschaft zu dem Mathematiker Paul Wittgenstein. Und nicht zuletzt handelt dieser Text vom „Café Bräunerhof" selbst, wo „den ganzen Tag über eine heillose Dämmerung" herrsche, „was den jungen Verliebten und den alten Kranken von Vorteil ist, nicht aber einem auf das Studieren von Büchern und Zeitungen konzentrierten Menschen wie mir". Ein bisschen übertrieben hat er da schon, der Thomas Bernhard, und die Taschenbuchausgabe von „Wittgensteins Neffe" ist ohnehin augenfreundlich groß gedruckt.

GOLD Ehre, wem Ehre gebührt, und deshalb gehört die Siegerpalme einem Café meiner Jugend, das – noch!, rufe ich ängstlich aus – seinen verblichenen Charme bewahrt und sich – Details will ich gar nicht wissen! – hoffentlich jedem möglichen Eignerwechsel oder Abriss widersetzen wird. Ich rede vom „Café Romann“ (Sülmerstraße 27, 74072 Heilbronn), das auf eine über dreihundertjährige Geschichte zurückblickt. Seine kleinen Räumlichkeiten sind schlicht gestaltet; die Bestuhlung ist so, dass man keine Mühe hat, sich ohne Kreuzbeschwerden zu erheben; eine Suppen- und Eintopfkarte bietet das Erforderliche; vor Ostern grüßen bunte hartgekochte Eier von den Tischen; die Kundschaft weist einen hohen Altersdurchschnitt auf; das hausgemachte Eis mundet köstlich; die schwäbische Laugenbrezel mit Butter ist comme il faut; die jungen Bedienungen sind von erfrischender Scheu und tun sich mitunter schwer, ein Hefeweißbier – man kann ja nicht immer Kaffee trinken – fachkundig einzuschenken, und überhaupt ist es selbst an einem Samstagmorgen nie hektisch in meinem „Café Romann“, das sich den – mit C geschriebenen – Zusatz „Conditorei“ leistet und Ruhm durch seine vielfältigen Hochzeitstorten erlangte. Ja, so ist das Romann, und so soll es bleiben. Und wenn Sie dort ein Buch lesen wollen, dann nehmen Sie das, das Sie gerade in Händen halten. Damit machen Sie nichts falsch. ■

BARBARA SCHIMMELPFENNIG

# Am liebsten mit Ingwer

John M. Kanjagaile, Exportmanager einer tansanischen Kaffeekooperative, hat in Europa aber auch Kaffee mit Vanillegeschmack schätzen gelernt

Am Rande des Victoria-Sees im äußersten Nordwesten von Tansania, in der Region Kagera, liegt die Kagera Cooperative Union (KCU), ein Zusammenschluss von etwa 125 Einzelkooperativen, zu dem rund 80000 Bauernfamilien gehören. Hier wächst auf einer grünen hügeligen Hochebene in etwa 1100 Metern Höhe ein sehr guter Robusta-Kaffee. Das Klima ist gemäßigt tropisch. Die Familien bauen den Kaffee auf vergleichsweise kleinen Flächen an, zusammen mit Bananen, Mais, Ananas, Süßkartoffeln und Kassava (Maniok) für die Selbstversorgung und den lokalen Markt. Die Farmer leben in Hütten aus Holz und Lehm, Strom haben sie so gut wie gar nicht, und das Wasser müssen sie von weit her aus dem Fluss holen.

Die KCU besitzt eine Fabrik, wo Teile der eigenen Kaffee-Ernte zu Instantkaffee weiterverarbeitet werden.

Die Genossenschaft arbeitet seit 1990 mit europäischen Organisationen des Fairen Handels wie der GEPA zusammen, die den Bauern höhere Preise für ihren Rohkaffee als marktüblich zahlen. Das ist für die Menschen in Kagera besonders wichtig: Zum einen erzielt der Robusta-Kaffee gegenüber den als höherwertig geltenden Arabica-Sorten auf dem Weltmarkt niedrigere Preise. Zum anderen hat die Region Kagera einen starken Nachholbedarf bei der Infrastruktur. Mit der zusätzlichen Entwicklungsprämie aus dem Fairen Handel werden Schulen renoviert, Schulbücher für die Kinder angeschafft oder Lagerhäuser, Brücken und Straßen gebaut und Kooperativenläden eingerichtet.

Eine weitere bedeutende Funktion der KCU: Sie bringt private Händler dazu, ebenfalls höhere Preise zu zahlen.

Heute nimmt die GEPA jährlich sieben Container mit jeweils 19 Tonnen Robusta-Kaffee ab, davon vier Container in Bioqualität und drei Container konventionellen Kaffee. Insgesamt produziert KCU etwa 8000 Tonnen Rohkaffee im Jahr.

John M. Kanjagaile, 53, ist Exportmanager der KCU und seit 1986 im Kaffeegeschäft. Das erste Mal reiste er vor 18 Jahren nach Europa. Jetzt ist er mehrmals im Jahr dort unterwegs, um als Mitglied eines Komitees der Fairtrade Labelling Organizations (FLO) die internationalen Kriterien des Fairen Handels mitzubestimmen. Außerdem besucht er seine Kunden und versucht, neue für den Kaffee von KCU zu finden.

*In Tansania wird eher Tee als Kaffee getrunken. Wie kommt das?*
Kaffee ist sehr teuer, Tee für die Menschen erschwinglicher. Das kommt noch aus den Kolonialzeiten, als der Anbau von Tee in den Dörfern sehr gefördert wurde. Wir haben die englische Teekultur übernommen: Die Menschen wurden ermutigt, überall, auch in den Kaffeeregionen, Tee anzupflanzen. Kaffee geht fast ausschließlich in den Export. Selbst die Kaffeebauern trinken normalerweise Tee. Für sich selbst rösten sie höchstens die Ausschussware, die nicht exportiert wird. Wir ermutigen jetzt die Menschen in Tansania, auch selbst ihren Premiumkaffee zu trinken, um ihm neue Märkte im Inland zu erschließen.

*Und Sie trinken inzwischen Kaffee?*
Ja, und zwar zu Hause in Tansania mit sehr viel Zucker. Erst in Europa habe ich Menschen kennengelernt, die Kaffee und Tee auch ohne Zucker trinken. Ich probierte es, und es schmeckte mir. Wenn ich dann aber in Tansania jemanden sehe, der Zucker nimmt, dann komme ich doch wieder in Versuchung. Ich trinke Kaffee auch gern mit Ingwer. In meinem Büro in Moshi nehme ich frischen Ingwer, zerstoße ihn und gebe ihn in den Kaffee. Meine Mutter trank den Kaffee und Tee schon mit Ingwer und meine Großmutter auch. Der Ingwer wächst bei uns zu Hause in unserer kleinen Bananenpflanzung. Dort gibt es auch Kaffeesträucher, Süßkartoffeln, Bohnen und Mais und Kassava.

*Wie entstand die Zusammenarbeit mit dem Fairen Handel?*
Die Kaffeepreise auf dem Weltmarkt stürzten Ende der 80er in den Keller, weil das Internationale Kaffee-Abkommen zusammenbrach, das die Preise stabilisiert hatte. Da kam 1990 der Kontakt mit der Fair-Trade-Bewegung zustande: Jemand von einer schwedischen Nichtregierungsorganisation gab uns die Adresse der niederländischen Fair-Handelsorganisation FTO (Fair Trade Organisatie). Zwei Vertreter von FTO kamen zu uns nach Tansania, und wir wurden uns einig. Sie gaben uns die im Fairen Handel übliche Vorfinanzierung, das heißt, sie bezahlten im Voraus für den Kaffee, und so fingen wir an, direkt zu exportieren.

Die Menschen in unserer Region waren sehr froh, dass sie mehr Geld für ihren Kaffee erhielten. Sie kannten den Fairen Handel nicht, aber sie wussten, das sind die Leute, die bessere Preise zahlen. Die GEPA und die niederländische FTO öffneten uns die Türen. Jetzt haben wir Kunden in ganz Europa, in Neuseeland und in Japan.
Die GEPA nahm dann zuerst unseren Instant-Robusta-Kaffee ab. Dann entdeckte sie, dass sich unser Robusta-Kaffee hervorragend für Mischungen eignet. Robusta ist ein sehr guter Kaffee, der Mischungen durch seine kräftige Note aufwertet.

*Welchen Kaffee mögen Sie in Deutschland am liebsten?*
Da ich gewohnt bin, Kaffee mit Ingwer zu trinken, also aromatisiert, habe ich hier in einem Coffeeshop mal Kaffee mit Vanille probiert – das schmeckte! Ich mag aber auch den Cappuccino. Vorher kannte ich die vielen verschiedenen Zubereitungsarten nicht, nur einfachen Kaffee oder mit Ingwer. Jetzt besuche ich immer wieder Coffeeshops und Cafés: Ich sehe mir den expandierenden Markt an und schaue, welche Chancen er für unseren Kaffee bietet. Ich bin ein Kaffeeverkoster, und da merkt man sofort in der Tasse, wenn der Kaffee im Ursprungsland falsch aufbereitet wurde und zum Beispiel Fehlbohnen enthält. Häufig wundere ich mich hier in Deutschland: Wer trinkt diesen qualitativ schlechten Kaffee? Die Leute hier wissen nicht, was ein guter Kaffee ist, sonst würden sie nur „fairen" Kaffee trinken! In den Fairen Handel

gehen nur gute Bohnen, weil man dafür dann auch einen guten Preis bekommt. Inzwischen gibt es auch auf dem konventionellen Markt für hohe Qualitäten bessere Preise, aber der Faire Handel nimmt immer noch die Vorreiterrolle ein.

*Wie kam es, dass KCU auch Biokaffee anbaut?*
Zuerst fragte nur der Faire Handel nach biologisch angebautem Kaffee. Inzwischen möchten 50 Prozent unserer Kunden Biokaffee beziehen. So viel können wir aber noch nicht liefern. Die

starke Nachfrage nach Bio kam sehr plötzlich. Im Augenblick hat der Biokaffee bei uns einen Marktanteil von etwa vier Prozent. Derzeit sind zwei Mitgliedsgenossenschaften bio-zertifiziert, und zwölf Genossenschaften stellen sich gerade um. Dies ist sehr teuer, denn es müssen Bauern beraten, separate Lagerräume gebaut und die Inspektionen für offiziell zertifizierten Biokaffee bezahlt werden. Das ist nur möglich durch die Kontinuität der Zusammenarbeit mit dem Fairen Handel. Der zahlt ja auch besondere Zuschläge für Biokaffee.

*Wie viel Land hat ein durchschnittlicher tansanischer Kaffeebauer?*
Wenn man in Europa von einer Farm spricht, dann stellt man sich etwas ganz anderes vor als das, was es in Tansania gibt. Die Kaffeebauern bei uns besitzen meist nicht mehr als einen halben Hektar Land mit nur 50 Kaffeesträuchern, dazwischen werden dann noch Bananen und Gemüse für den Eigenbedarf angebaut. Manche Leute müssen 25 Kilometer bis zum nächsten Fluss laufen, um Wasser zu holen. Nur wenige haben das Glück, eine Quelle im Garten zu haben. Auch Strom gibt es kaum. Schritt für Schritt verbessert sich aber die Situation. Jetzt können manche anstelle des grasgedeckten Daches schon ein Wellblechdach auf ihre Hütte setzen.
Solche Kleinbauern müssen besonders beraten werden; zum Beispiel müssen sie lernen, die Kaffeekirschen richtig zu ernten und zu trocknen, damit die bestmögliche Qualität entsteht.

Die Vorfinanzierung ist für die KCU besonders wichtig, damit wir Kapital haben, um den Kaffee von unseren Mitgliedern anzukaufen. Dennoch müssen wir immer noch normale Darlehen von der Bank in Anspruch nehmen. Wir müssen ja auch einen großen Teil an den konventionellen Handel verkaufen.

*Wie läuft das Geschäft da?*

Das normale Kaffee-Business ist anders, da wird entweder gekauft, oder es wird keine Order mehr platziert, wenn es zum Beispiel mal ein Qualitätsproblem gibt. Da gibt es keine Diskussionen oder Kompromisse. Schon der Umgangston ist nicht besonders nett. Die GEPA dagegen kümmert sich intensiv um uns, sie ist unser Fundament, damit die Kaffeebauern in Kagera überleben können. Denn sonst hätten in den Krisenzeiten mit extrem niedrigen Weltmarktpreisen wie zum Beispiel vor fünf Jahren viele den Kaffeeanbau aufgeben müssen.

*Interessieren sich Ihre Kinder auch für Kaffee?*

Ich habe sieben Kinder. Meine Tochter Elizabeth, die in Tansania in Kürze ihr Wirtschaftsstudium beendet, wird in den fairen Kaffeehandel einsteigen – das hoffe ich. Ich ermuntere sie dazu, sie hat auch schon eine Arbeit über Kaffee geschrieben. Sie sehen: Ich mache Werbung für den Fairen Handel nicht nur in meiner Organisation und bei den Mitgliedern, sondern sogar in der eigenen Familie!

URSULA OTT

# Spratzeln in der Brühgruppe

Es gibt Männer, die brauchen keinen Sex mehr, die machen jetzt Milchschaum. Und stellen ihre Espressomaschinen-Träume per Digitalfoto ins Netz

Es gab eine Zeit, und sie ist noch keine 20 Jahre her, da konnte eine Frau einen Mann noch beeindrucken mit einer guten Tasse Kaffee. Der Mann an sich sah Essen als mehr oder weniger notwendige Überlebensmaßnahme an und Kaffeetrinken als Dröhnung. Und zur Dröhnung musste es noch nicht mal Jacobs Krönung sein, es reichte auch der Aldi-Kaffee für paar Mark fünfzig und selbst wenn er schon zwei Stunden auf der Wärmeplatte der Kaffeemaschine stand – ihm war's egal. Der Mann trank ihn in großen Mengen, den Filterkaffee, notfalls mehrere Liter am Tag. Er schleppte ihn in Thermoskannen mit sich herum, deren Dekor darauf schließen ließ, dass sie noch von Mama stammten. Er trank ihn aus Bürotassen, auf denen alberne Mickymäuse langsam verblassten, und in deren Innerem sich archäologische Schichten von Kaffeeresten übereinanderlegten.

Da konnte eine Frau noch punkten, wenn sie ihm statt Filterkaffee einen Cappuccino anbot. Die Sekretärin zeigte Einsatz, wenn sie einen Stock höher lief, um dem Chef statt Bürokaffee einen doppelten Espresso aus dem WMF-Automaten zu holen. Und Frauen-WGs besaßen meist sämtliche Größen der original italienischen Cafetieras, die wie russische Matroschka-Puppen in der WG-Küche nebeneinanderstanden. Wenn eine der Frauen einen Kerl mit nach Hause brachte, begann eine langwierige Prozedur: Cafetiera auseinanderschrauben, Schimmelreste vom Dichtungsgummi abkratzen, Maschine auf den Herd stellen und bloß nicht den Moment verpassen, wenn das heiße Wasser oben aus dem Dampfrohr quillt – sonst lief die kochende braune Brühe über, und die Herdplatte war ruiniert. Toll schmeckte er nicht, dieser Espresso, und mehr als zwei Tassen kriegte man selbst aus dem XL-Modell kaum herausgequetscht. Dem Mann war's im Prinzip egal, er hätte im Zweifelsfall einen Nescafé aus der Tüte bevorzugt, und dann ab in die Kiste. Aber er zeigte sich dennoch stets beeindruckt von dem mühsam zubereiteten Getränk, umso mehr, als die deutsche Frau meist von einem Luigi oder Paolo schwadronierte, der ihr das Ding in Florenz oder Mailand angedreht hatte.

Nun, diese Zeiten sind vorbei, vorbei. Längst ist Kaffee Männersache. Die Zeitläufte überschlugen sich, der deutsche Mann wurde älter und gesundheitsbewusster. Mit zunehmender Problematisierung seines unteren Blutdruckwertes reduzierte er seinen literweisen Filterkaffeekonsum. Zudem kam ihm mehr und mehr die Kaffee kochende Frau abhanden, ach was, überhaupt die kochende Frau. Ein Mann, der nicht kochen kann, das geht gar nicht mehr auf dem Beziehungsmarkt, seit Bulthaup seine Küchenprospekte nur noch mit Best Agers in schwarzem Rollkragenpulli und weißer Halbschürze garniert. Frauen braucht der moderne Küchenbauer nur noch für die niederen Arbeiten am Schnibbelbrett und der Spülmaschine. Alles was verchromt ist und glitzert, ist Männersache, Frauen stehen bestenfalls bewundernd daneben. Ob im Fernsehen bei Jamie Oliver und Tim Mälzer oder zu Hause.

Und so kann es einer Frau im Jahr 2007 passieren, dass sie einem Kerl nach der obligatorischen Frage „Kommst du noch auf einen Kaffee mit rauf?" einen doppelten Espresso aus ihrer alten Gaggia-Maschine kocht. Und er ihr darauf die seltsame Frage stellt: „Kann es sein, dass du möglicherweise zu viel im Sieb hast?" Auf alle möglichen Fragen ist eine Frau gefasst, wenn sie einen Mann mit nach Hause nimmt. Hast du Kinder? Nimmst du die Pille? Vielleicht sogar: Kann es sein, dass du einen im Tee hast? Aber die Frage „Zu viel im Sieb?" sollte die moderne Frau sofort als Warnzeichen interpretieren: Dieser Mann braucht gar keine Frau. Dieser Mann hat schon eine Espressomaschine. Und zu der pflegt er ein libidinöses Verhältnis.

Nein, das ist überhaupt nicht übertrieben. Wer sich in den einschlägigen Seiten der Kaffeeforen im Internet tummelt, kommt schnell zu dem Schluss: Hier handelt es sich um gehobene Espressomaschinen-Pornografie. Der echte Kenner bestellt seine Jura, Brewtus oder 3-gruppige Vibiemme, „mein Träumchen", beim Spezialversender, als sei es eine Aufblaspuppe von Beate Uhse. „Maschine kommt sehr gut verpackt an", schreibt der Mann dann ins Internet. Dann zieht er es sorgsam aus, das Träumchen, und stellt es per Digitalfoto ins Netz. Erst noch diskret verpackt, dann enthüllt und dann – oh Schreck – komplett entkleidet: Das mit gelbem Isoschaum geschützte Innenleben der Maschine wird den anderen Kaffeefreunden im Netz schamlos in Großaufnahme präsentiert.

Ab sofort braucht dieser Mann keinen Sex mehr, er macht jetzt Milchschaum. Zwar beklagt der Mann auch beim Milchschaum das Problem der „zu geringen Volumenvergrößerung", aber da gibt es zwei Methoden, für die man nicht mal einen Krankenschein braucht: „zweimal Schlürfen" und „länger ziehen als rollen". Alles klar? Es geht um Milch, die aufgeschäumt wird im Silberkännchen.

Hat der Mann erst mal seine Espressomaschine, dann ist kein Halten. Denn jetzt geht es erst los mit dem Tuning. Pimp my Espressomaschine, denn irgendwas ist immer ausbaufähig: Der Brühdruck, die Wassertemperatur, das Milchvolumen. Gehört er zur Sorte Schrauber, dann legt er Flexleitungen, Druckminderer, Brühkopfdichtungen und Siebträger. Er schraubt den Kesseldruck hoch und wundert sich trotzdem noch über das „Spratzeln aus der Brühgruppe". Er tauscht sich in seiner Spratzel-Gruppe im Internet aus, wie er es am besten hinbekommt mit dem Mahlgradtuning, dem Tampern und dem Temperatursurfen.

Bald muss das nächste Zusatzteil her, ein Manometer zum Beispiel, mit dem sich der Druck messen lässt. Oder eine eigene Röstmaschine. Und erst wenn dann die erste Crema perfekt auf der Tasse schwimmt, lehnt sich der Mann, der sich im Kaffeeforum stets „Röstaroma" oder „Koffein-Schock" nennt, erschöpft zurück: „Bin begeistert, wie viel besser mein Cappu jetzt schmeckt. Neun Jahre verschenkt!"

Verschenkt mit billigen Kaffeemaschinen? Oder mit Frauen? Die Frage stellt sich ernsthaft, denn Frauen kommen in dieser Welt nicht vor. Eine einzige traute sich in letzter Zeit ins größte deutsche Kaffeetrinkerforum, www.kaffee-netz.de. Die Unglücksmaus stellte sich als Studentin einer Fachhochschule für Produktdesign vor und wollte eine Umfrage machen zum Thema Nespressomaschinen. NESPRESSO! Das sind die mit den fertigen Tabs, an denen man gar nichts mehr schrauben kann, nichts tampern und nichts spratzeln. „Keiner von uns wird hier zugeben, jemals so ein Ding in der Hand gehabt zu haben", wird das arme Mädel zurechtgewiesen. Noch nicht mal anonym werde man ihre Weiberfragen beantworten.

Und drum, Frau, lass dir sagen: Wenn dich jemals einer fragt: „Kann es sein, dass du zu viel im Sieb hast?" Dann mach schnell die Espressomaschine aus. Und sag dem Kerl: „Und tschüss. Geh zurück in deine Brühgruppe!"

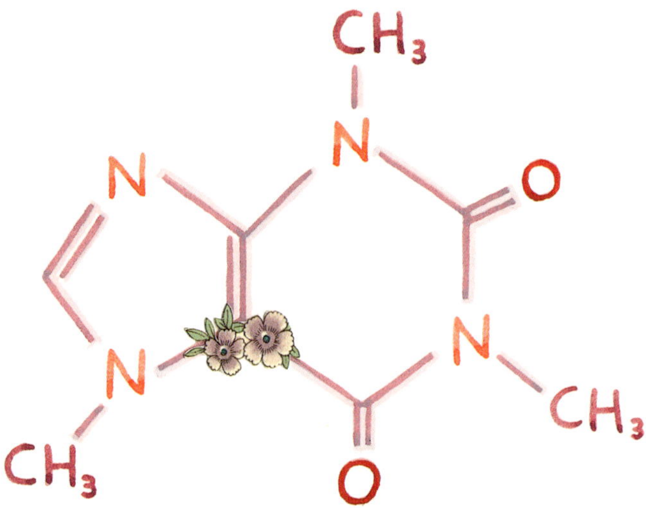


EDUARD KOPP

# Der Kick aus den Kristallen

Es sieht ganz harmlos aus, das weiße Pulver. Doch Koffein hat es in sich – und ist zum populärsten Wachmacher der Welt geworden

Irgendwann gab der Tätowierer auf dem Hamburger Kiez auf. Er war zwar außerordentlich angetan von seinem neuesten Werk und gedachte es nun, wie andere ansehnliche Tattoos aus seiner Werkstatt, zu fotografieren und das Bild in seinem Schaufenster auszustellen. Doch Felix, der frisch verzierte junge Mann vor ihm, war ganz schön aufgeweckt und wollte eines bestimmt nicht: seine blasse Haut und ihre dunkelblauen Verzierungen zu Markte tragen, geschweige denn Nachahmer auf den Plan rufen. Etwas enttäuscht legte der Tätowierer die Kamera wieder weg. Felix entschwand selig, nachdem das Tattoo fachgerecht gesalbt und unter Frischhaltefolie verpackt war. Und dann gönnte er sich einen doppelten Espresso. Genauer gesagt: eine kräftige Portion Koffein. Dessen bildhafte Strukturformel, nicht die nüchterne Summenformel $C_8H_{10}N_4O_2$, jetzt nämlich – statt irgendeiner ordinären fischschwänzigen Jungfrau – seine Brust zierte. Und dessen wohltuende Wirkung sich in diesem Moment in ihm stürmisch ausbreitete.

Jawohl, Koffein macht wach. Und die Wachen macht es noch wacher. In Kaffee und Tee ebenso wie in Cola und Schokolade wartet der Stimmungsmacher nur darauf, seine belebende Wirkung zu entfalten. Eine braune Brause zum Essen, einen Espresso und ein Schokoladeneis hinterher: Schon hat das Koffein gleich dreifach seinen Bestimmungsort erreicht. Und so kommt es, dass Koffein die weltweit am häufigsten konsumierte pharmakologische Substanz ist.

Von seinem Genuss hat nahezu der ganze Körper etwas: Es regt das Zentralnervensystem an, Puls und Herz kommen in Bewegung, der Blutdruck steigt, die Bronchien erweitern sich, der Darm belebt sich, vermehrt wird Harn gebildet. Schon wer nur mäßig Kaffee trinkt, kann spüren, wie Stimmung, Konzentration und Antriebskräfte steigen. Das Hirn arbeitet besser, wenn es mit Koffein versorgt wird. Wer die Ration weiter erhöht, versetzt dann allerdings Atmung und Kreislauf in Trab. Noch mehr Koffein führt zur Euphorie, später zu nachlassender Geschicklichkeit und Reaktionsfähigkeit. Bei einer Überdosis Kaffee schließlich schlägt der gewünschte Nutzen ins Gegenteil um: in gesundheitliche Schäden.

Doch keine übertriebene Angst vor dem Übermaß! Eine tödliche Dosis wird von Medizinern mit etwa 10 Gramm reinem Koffein am Tag angegeben. Um diese zu erreichen, müsste man rund 100 Tassen Kaffee trinken, und zwar an einem einzigen Tag. Es könnte aber auch sein, je nach körperlicher Verfassung, dass erst mit 300 Tassen das letale Limit erreicht ist.

In einer Tasse Kaffee sind zwischen 50 und 100 Milligramm Koffein enthalten, in einem Espresso nur rund 40 Milligramm. In einer Tasse Tee finden sich ebenfalls um die 50 Milligramm Koffein, das in diesem Fall gern Tein genannt wird. Tatsächlich ist es jedoch der identische Stoff. Ein Liter Cola gleich welcher Provenienz enthält 250 Milligramm, eine Dose Energy Drink wie Red Bull 80 Milligramm. Eine Tafel Bitterschokolade kommt auf rund 90 Milligramm, während in Vollmilchschokolade nur ein Sechstel dieses Stoffes enthalten ist, rund 15 Milligramm. Die lebensgefährliche Dosis Koffein wäre also auch mit hundert Tafeln Bitterschokolade oder etwas mehr als hundert Energy Drinks zu erreichen – eine bizarre Vorstellung. Selbst schlaflose Computerprogrammierer erreichen am Tag keinen Colakonsum von 40 Litern, schon allein deshalb nicht, weil sie nur ungern ihren geliebten Bildschirm verlassen, auch nicht, um ein gewisses Örtchen aufzusuchen. Wer raucht, baut das Koffein im Körper übrigens schneller ab – ein echter Zielkonflikt für Anhänger des nikotinunterlegten Koffeingenusses.

Im Reinzustand ist Koffein ein weißes, geruchloses, kristallines Pulver mit bitterem Geschmack, dem man seine euphorisierende Wirkung nicht im Geringsten ansieht. Im Jahr 1820 gelang es dem aus Hamburg gebürtigen Chemiker Friedlieb Ferdinand, den Stoff erstmals in Reinform zu isolieren. Die Anregung zu diesem Versuch soll angeblich von Johann Wolfgang Goethe persönlich ausgegangen sein. Ein Jahr später waren französische Chemiker ebenfalls so weit, reines Koffein zu präsentieren. Aber erst 1832 kannte man die Summenformel, und es dauerte noch mal gut sechzig Jahre bis zur exakten Strukturformel, die heute die Brust von Felix als Tattoo schmückt. Bis dahin hatten schon dreißig bis vierzig Generationen von Afrikanern, Arabern und Europäern Hektoliter des braunen Suds konsumiert.

Vermutlich liegt die Urheimat des Kaffeestrauchs im abessinischen Hochland. Von dort fand der Kaffee seinen Weg nach Jemen, wo der Mokka entstand, und nach Arabien. Später waren es wahrscheinlich Mekkapilger, die dem Kaffee zu länderübergreifender Popularität verhalfen, und dann übernahmen europäische Händler und Kreuzritter die Regie. Das erste europäische Kaffeehaus entstand 1647 in Venedig, das erste deutsche 1677 in Hamburg. Ein erstes Privileg für ein Wiener Kaffeehaus wurde am 17. Januar 1685 erteilt. Die Wissenschaft gab sich unterdes alle Mühe, die Gefahren des neuen Getränks zu schildern. Ein Mediziner aus Marseille warnte 1679 davor, dass der Kaffeegenuss unter anderem die Hirnwindungen ausdörre und den Nervensaft eintrockne – die Folgen: allgemeine Erschlaffung, Paralyse und Impotenz. Knapp hundert Jahre später, 1768, erließ der Rat der Stadt Hildesheim eine Verfügung, die das Kaffeetrinken verbot und die Zerstörung von Kaffeemühlen, -kannen und -tassen anordnete. Das betraf Bürger, Handwerksgesellen und Bauern. Der Adel machte sich seine Regeln selbst.

Während heute in europäischen Ländern ein Espresso ein gutes Essen abschließt, das heißt, dass zuvor nicht selten reichlich Wein geflossen ist, gilt in muslimischen Ländern der Kaffeegenuss als Ersatz für den Alkoholkonsum. Eine Blick in die heiligen Bücher erklärt den Unterschied. In der Bibel ist vom Wein allenthalben positiv die Rede, im Koran durchgängig negativ: Die Sünde ist größer als der Nutzen (Sure 2, 213). Das gilt für den Koffeingenuss nicht. Wir schließen: Hier ist der Nutzen größer als die Sünde – wenn es denn überhaupt eine Sünde des Kaffeetrinkens gibt.

Koffein hat also nicht nur eine inspirierende Wirkung, es verbindet auch die westliche und die arabisch-muslimische Welt. Vielleicht ist es nicht einmal vermessen zu sagen: Koffein ist eine Friedensdroge. Es knüpft zwischen unterschiedlichen Kulturen und Sprachen ein Band der Sympathie. Nicht den Hauch eines Verdachtes westlicher Dekadenz können Muslime in ihm entdecken, sind sie doch selbst die Urheber dieser schönen Sucht.

Übrigens hat sich vor einiger Zeit die Codierung auf Felix' blasser Haut erweitert. Auf dem linken Schulterblatt findet sich ein neues Wort: Geschrieben in der binären Computersprache, zusammengesetzt aus lauter Einsen und Nullen, jeweils in Achtergruppen zusammengefasst, signalisieren die akkurat gestochenen Zeichen „Liebe“. Ein völlig nahe liegendes Codewort für jemanden, der sich täglich der völkerverbindenden Wirkung des braunen Tranks hingibt.

Was wären wir heute ohne Spezialisten! Im Kaffeegeschäft gibt es welche mit einem besonders delikaten Job: Sie kosten vor, was später Millionen trinken

# Schmeckt's denn?

PETER MEYER

Mit einer typischen Handbewegung könnte Christian Esselun kaum dienen, wenn es darum ginge, seinen Beruf zu erraten – mit einem Geräusch allemal: Herr Esselun schlürft. Laut. Häufig.

Und systematisch. Denn Christian Esselun ist Kaffeeverkoster oder „Kaffeefachmann Produktion & Entwicklung", beim Tchibo-Konzern. In einem nüchternen Zweckbau in der Hamburger Süderstraße betritt er tagtäglich einen schmucklosen Laborraum, geht zu einem Tisch mit einem guten Dutzend Tassen darauf, greift zu einem leicht überdimensionierten Portionslöffel und tunkt ihn in eine Tasse mit lauwarmem Kaffee. Dann lässt er mit deutlich hörbarer Geräuschentwicklung einen (durch das Schlürfen zersprühten) Schluck der braunen Brühe über die Abermillionen Geschmackszäpfchen seiner Zunge rinnen, ehe er sie wieder ausspuckt.

Ein paar Sekunden genügen, und er weiß alles, was er wissen will: Etwa wie viel Säure der Kaffee hat, ob er lange genug gereift ist, ob die Röstung gelungen ist oder ob sich eine gefürchtete Off-Note, eine Geschmacksverirrung gewissermaßen, in die Probe eingeschlichen hat. Meist handelt es sich dabei um sogenannte „Stinkerbohnen". Wenige Exemplare reichen, und der Kaffee schmeckt nicht mehr frisch und duftig, sondern alt oder holzig.

Mit einer Verkostung am Tag ist es meistens nicht getan; schließlich muss nicht nur eine neue Mischung, sondern auch die laufende Produktion ständig begutachtet werden. Und so probiert Esselun mal Bohnen aus Brasilien, mal aus Guatemala, mal aus Kenia und mal aus Vietnam. Er kennt sie alle. Seit 30 Jahren widmet er sich nun schon dem Kaffee und seinen Feinheiten, hat sogar schon selbst ein Pflänzchen in seinem Garten angebaut (und nach sieben Jahren die erste Handvoll Bohnen davon geerntet) und sich dabei so in die weit verästelte Materie vertieft, dass ihm so leicht keiner etwas vormachen kann.

Das ist auch nötig. Denn das Geschäft mit dem Kaffee ist ein Riesengeschäft. 160 Millionen Pfund Kaffee werden alljährlich in der Bundesrepublik verbraucht, was umgerechnet bedeutet, dass jeder Deutsche statistisch in zwölf Monaten 150 Liter Kaffee trinkt und damit allein dem Marktführer Tchibo einen jährlichen Umsatz von rund einer Milliarde Euro verschafft. Da kann man sich beim Angebot schon etwas Mühe geben, zumal der Rohstoff eine ziemlich empfindliche Angelegenheit ist. Bis zu 1000 Aromen kann eine Kaffeebohne entwickeln, mehr als jedes andere Genussmittel, und ob sie alle recht zur Geltung kommen, entscheidet nicht zuletzt Herr Esselun. Der deswegen auch seine Zunge pflegt. Scharfe Gewürze, Knoblauch und Alkohol meidet er; bei Schnupfen hört er mit dem Verkosten auf.

Doch kaum ist er wieder genesen, beugt er den Grauschopf wieder über Tassen. Denn der Nachschub rollt unentwegt. Tausende Tonnen werden täglich an den beiden internationalen Kaffeebörsen gehandelt; New York ist der Umschlagplatz für die aromareiche Art Arabica, die etwa zwei Drittel der weltweiten Produktion ausmacht, in London wird die kräftigere Art Robusta angeboten. Der Markt ist hoch volatil, und Andreas Christmann, Chefeinkäufer bei Tchibo, hat gut damit zu tun, das Auf und Ab der Preise im Auge zu behalten. Der gelernte Großhandelskaufmann und seine Kollegen verantworten immerhin einen Jahresetat von rund 400 Millionen Euro. Dafür kaufen sie pro anno zirka 3 Millionen Sack (zu 60 Kilo Kaffee), wie die – aus historischen Gründen – immer noch gebräuchliche Mengenangabe in der Zunft heißt, und landen damit auf Platz fünf der größten internationalen Kaffeefabrikanten. In Säcken wird Kaffee immer noch häufig transportiert, allerdings landen die meistens im Container. Die Welternte beträgt etwa 115 Millionen Sack, und der schwunghafte Handel mit den Bohnen hat inzwischen auch die milliardenschweren Hedgefonds angelockt: Mit ihren raffinierten Strategien und ihrer Finanzkraft machen Münteferings Heuschrecken Christmann und Co. seit einigen Jahren das Geschäft deutlich schwerer.

Es ist ohnehin aufregend genug. Das Naturprodukt Kaffee – nach dem absoluten Spitzenreiter Erdöl eines der meistgehandelten der Erde – fällt von Jahr zu Jahr und von Ernte zu Ernte anders aus. Frost kann ihm ebenso wie Wassermangel den Garaus machen; mit einigem Schrecken erinnert sich die Branche an 1998, als widrige Wetterbedingungen die Ernte in Brasilien drastisch dezimierten und der Weltmarkt ziemlich durcheinanderkam. Da sind die Händler froh, wenn sie sich irgendwo Reserven gesichert haben und auf Alternativen umsteigen können. Was dazu führt, dass sie ein Gutteil ihrer Zeit auf Reisen sind und die Kaffeebauern rund um den Globus besuchen. Im Hochland von Kenia etwa, in den Regenwälder von Honduras oder den Chandragiri Mountains im Südindien.

Christian Esselun freilich, der unermüdliche Verkoster, hat noch kein einziges Anbaugebiet gesehen – der Bohnenfan leidet seit seiner Jugend an einer Rohkaffeeallergie. ■

Manche Leute schwören ja auf einen Darjeeling Premium oder auf einen Oolong, am liebsten den muffigen. Doch irgendwann kommt der Moment, wo es etwas Reelles sein muss

# Tee oder Kaffee?

MARK KUNTZ

Ich bin Teetrinker. Im Alter von 14 Jahren kaufte ich mir von meinem ersten selbst verdienten Geld als Zeitungsausträger meine erste Grundausstattung – eine braune Tonkanne mit braunen Tonschälchen, Stövchen, Teelichter und diese, auch aus heutiger Sicht noch tadellosen Tees: einen Darjeeling Premium, einen Butterfly of Taiwan – das war ein schlichter Oolong, in der

Fermentierung zwischen schwarz und grün angesiedelt – einen Assam Tippy, kräftig und malzig in der Tasse, und eine Wildkirsche, das war einer dieser aromatisierten Schwarztees, die damals so in Mode waren.

Ein paar Jahre später war mein Teesortiment auf 50 bis 60 Sorten angeschwollen. Meine Darjeelings hörten auf so klangvolle Namen wie Puttabong, Margaret's Hope, Nagri Farm, Pussim oder Risheehat. Kann irgendetwas mehr nach Indien und Tee klingen als Risheehat? Mein schönster Assam hieß Bukhial, der bestand nur aus Blattspitzen, sah aus wie selbst gedrehter Tabak und war so teuer, dass ich für 50 Gramm eine Woche Zeitungen austragen musste. Mein liebster Grüntee hieß „Gunpowder Temple of Heaven" und hatte die Konsistenz von kleinen Hasenknödeln, aber ich liebte das Zeug, lange bevor es hieß, grüner Tee sei gesund und verlängere das Leben.

Mehr noch als die Namen liebte ich das Ritual, das kochende Wasser, wie es im Teenetz den Tee zum Quellen brachte, den Geruch, der aus einem eben aufgegossenen Netz aufstieg und den Charakter einer Sorte unnachahmlich auf den Punkt brachte. Das Teenetz aus der Kanne zu ziehen und anhand der Farbe des Tees, der sich in die Kanne ergoss, festzustellen, ob der Tee „schon gut" war oder „noch ein bisschen brauchte".

War er gut, brauchte es noch eine winzige Messerspitze Zucker, um die zarte Blume des Darjeelings, den fetten Malz des Assams, den erdigen Pelz des Oolongs oder die feine süßliche

Säure des Grüntees zu betonen. Dann galt es, zwei bis drei Minuten zu warten, bis ich mir gerade nicht mehr die Zunge an der heißen Tasse verbrannte, der Tee aber nicht schon lauwarm und plörrig schmeckte. Fand ich diesen Augenblick – perfekte Ziehzeit und perfekte Temperatur – schlug der Tee über die Zunge und den Gaumen mit einer zarten Geschmeidigkeit ins Hirn und sagte: „Du wirst gleich schön wach werden und es noch sehr lange bleiben, dein Hirn wird erst langsam, dann zuverlässig und schließlich sehr kreativ arbeiten, dein Bauch wird warm und du wirst eine Erregung spüren, die dich nicht überfordert, sondern beflügelt."

So ein geiles Zeug, dieser Tee, kaum auszuhalten. Heute habe ich nur noch zehn bis zwanzig Sorten vorrätig, ich habe mich konzentriert. Ich trinke morgens grünen Tee aus Japan, sehr, sehr teuren Tee, der unglaublich preiswert ist, weil man ihn drei- bis viermal nacheinander aufbrühen kann. Er hellt die Stimmung auf, weckt, macht dich konzentriert, aber nie abhängig. Der grüne Tee ist unabhängig, seine Stärke und Schönheit ist so stark, dass er keine Abhängigkeiten braucht. Danach kommt ein Oolong sehr schön, ein „brauner Tee", er steht wie gesagt exakt zwischen grün und schwarz, einige finden ihn im Geschmack etwas muffig, andere schätzen genau das an ihm, er hat noch die inspirierende Wirkung des grünen Tees, erdet aber schon so ähnlich wie ein ehrlicher Schwarztee. Der kommt gegen Mittag mit einem wunderbar eleganten und blumigen Darjeeling auf den Tisch, nach dem Essen darf es dann gern ein eher etwas wuchtiger Assam sein, das ist für die Teetrinker so etwas wie ein Espresso.

Dann aber, so gegen 16 Uhr, tritt bei vielen Menschen, die ohne Stimulanzien nicht leben können und die den Tee so über die Maßen schätzen, eine seltsame Stille ein, die schnell in Überdruss mündet. Die subtile Wirkung des Tees, die feine Blumigkeit, die malzige Würze, alles, was man den ganzen Tag über am Tee so sehr zu schätzen wusste, fühlt sich in diesem Augenblick wie eine dünne, geschmacksarme, langweilige Suppe an. Eine Tasse mehr, und man könnte würgen. Jetzt braucht es etwas anderes, etwas Reelles. Etwas mit Wucht und entschlossener Kraft, etwas, was nicht mit subtilen Geschmacksnuancen kokettiert, sondern etwas, was wie beim Boxen mit ein, zwei schweren Händen zum Kopf geht: einen guten Kaffee.

Ein guter, starker Kaffee rettet uns vor der Lethargie, der Passivität und der blumigen Freundlichkeit des Daseins. Ein starker Kaffee stellt uns sehnig und muskulös auf, wie einen angeschlagenen Boxer vor der entscheidenden Runde.

Er schmeckt nicht besonders doll, wenn man Teetrinker ist, er stellt einen aber gut auf. Man fühlt sich gut gewappnet gegen alle Angriffe des Alltags, die noch kommen werden.

Vor dem Einschlafen gibt es weder Tee noch Kaffee, sondern einen richtig guten und gar nicht mal preiswerten Rotwein, den hat man sich verdient am Ende eines harten Tages.

Am Morgen des nächsten Tages geht es wieder weiter, mit sehr viel Tee und einem bisschen Kaffee. Lupenreine Kaffeetrinker werden das anders sehen. Ich bin Teetrinker, wie gesagt. Außer einmal am Tag. Da könnte ich allerdings durchdrehen, wenn's keinen Kaffee gäbe. Muss ich schon zugeben.

CHRISTINE HOLCH

# Kaffee und Käse?

Kersten Wetenkamp ist Gourmetjournalist bei der Zeitschrift „Der Feinschmecker". Er weiß, was zusammen passt und welche Kombis die Geschmacksnerven nur quälen

*Was essen Sie zum Kaffee?*
Kekse zum italienischen Frühstückskaffee, nachmittags Stachelbeer- oder Rhabarberkuchen – ich bin Obstkuchenfan. Ganz klassisch also. Mit Experimenten bin ich vorsichtig. Hochwertige Kaffeespezialitäten zum Beispiel vertragen keine scharfen Speisen dazu – der Kaffee würde in seinen Nuancen nicht mehr wahrgenommen werden.

*Aber so richtig süß darf es zum Kaffee schon sein?*
Ja, aber es kommt auf die Kaffeesorte an. Es gibt säurebetonten Kaffee, sehr milden und sehr würzigen Kaffee. Und der säurebetonte Kaffee würde sich mit der süßen Speise gut verbinden. Beim würzigen Kaffee sollte die Speise nicht zu kräftig gewürzt oder scharf sein, weil sich das sonst gegenseitig totschlägt.

*Wieso ergibt würzig plus würzig nicht extra kräftig?*
Das ist so, wie wenn Sie eine sehr süße Speise mit einem sehr süßen Getränk kombinieren: Da wird beides ein bisschen blass. Aber wenn Sie zu einem Camembert einen Calvados trinken, dann ergibt das eine verblüffende Synthese, eine neue Art der Cremigkeit, die die beiden Komponenten einzeln nicht haben.

*Und was Salziges zum Kaffee?*
Ein gereifter Gouda und dazu einen Kaffee, das ist eine sehr schöne Kombination. Das ist mir aber erst aufgefallen, als ich auf dem

Markt Käse probierte und noch ein bisschen Kaffeegeschmack im Mund hatte. Spannend ist das.

*Sie sagen: Eine Kombination ist spannend. Ich hätte von einem Gourmet erwartet, dass er sagt: Das und das zusammen, das geht gar nicht – wie kann man nur Apfelschorle zum Kaffee trinken!*
Wieso? Das mach ich auch ständig, das ist mein Standardfrühstück. Es ist alles erlaubt. Wenn Ihnen ein Kartoffelgratin zum Kaffee schmeckt oder eine 80-prozentige Schokolade zum Riesling, warum nicht?

*Welches alkoholische Getränk geht denn gut zum Kaffee?*
Zu den meisten Kaffees passt ein gereifter Brandy sehr gut, auch wegen der süßlichen Noten.

*Grappa?*
Wie im Caffè Corretto? Das ist für mich kein Gewinn. Der Kaffee ist schon ein sehr intensives Getränk, dazu würde ich einen gereiften Alkohol nehmen: Brandy, Cognac, auch Whiskey. Alles viel besser als Grappa. Wodka mit Kaffee ist auch kein Genuss.

*Und wenn man nach einem weinseligen Abend noch einen Kaffee zum Wachwerden trinkt, dann noch mal einen Schluck Wein …*
Da runiniert man beides. Der Wein löscht den Kaffee-Eindruck, der Kaffee schlägt den Wein tot.

*Trinken Sie Ihren Kaffee schwarz?*
Den Filterkaffee trinke ich meistens mit Milch. Wenn ich Kaffee teste, dann nur pur.

*Angeblich trinken 75 Prozent der Deutschen ihren Kaffee nicht schwarz. Kippen wir Milch und Zucker rein, weil eigentlich niemand Kaffee mag, weil wir nur schätzen, dass er wach macht?*
Vielleicht ändert sich das bald. Vor zehn Jahren war jeder zufrieden mit dem Filterkaffee, der stundenlang auf der Heizplatte im Bistro stand. Den konnte man ohne Milch überhaupt nicht runterkriegen, so ein saures Zeug war das. Niemand trank seinen Kaffee bewusst. Inzwischen haben die Leute gemerkt, dass der Kaffee aus dem Vollautomaten und die verschiedenen Kaffeespezialitäten anders schmecken. Deswegen sind die Leute anspruchsvoller geworden. Es ist kein Zufall, dass immer mehr Bistros sich solche Vollautomaten anschaffen. Ich glaube, der Geschmack des guten Kaffees wird jetzt gerade erst wieder entdeckt. Den Kaffee dann auch pur zu trinken, das scheint mir im Kommen.

*Die Milch mildert ja nur die Säuren ab, nicht die Bitterkeit.*
Dafür ist der Zucker da. Deswegen trinke ich typischen italienischen Espresso immer mit Zucker, er wird in Italien ja auch immer mit Zucker serviert. Er ist bitter geröstet und sozusagen für Zucker designt. Wenn man den Zucker weglässt, schmeckt man die Wucht des Bitteren heraus.

*Wo im Mund breitet sich der Kaffeegeschmack eigentlich aus?*
Man merkt ihn vorn auf der Zunge, an den Seiten der Zunge, wo die Säure dazukommt, eigentlich im ganzen Zungen- und Rachenraum; vor allem am Gaumen schmeckt man die Vielfalt der Aromen. Man muss den Kaffee richtig durchspülen, wenn man zum Beispiel beim Kenia-Kaffee die Fruchtsäuren erkennen will. Dann merkt man am Gaumen die Säuren, die Bitternoten, die Würznoten ... Und ein Kaffee, der einen langen Eindruck hinterlässt, ist eigentlich hochwertiger als einer, der schnell weg ist.

*Viele Menschen lieben den Duft von frisch gemahlenem Kaffee. Würde es nicht reichen, wenn wir Kaffee nur schnuppern statt auch zu trinken? Dann wären wir den Ärger mit der Bitterkeit los ...*
Der Geruch kommt durch die Röstaromen. Aber das, was den Kaffee eigentlich ausmacht, das spielt sich zu 90 Prozent am Gaumen ab. Was ich schmecke und was ich rieche, ist was völlig Unterschiedliches. Außerdem würde das Riechen nicht helfen, wenn man müde ist.

*Nach langem Stehen auf der Heizplatte schmeckt der Kaffee sauer – was eine andere Säure ist als die aromatischen Kaffeesäuren. Was machen Sie, wenn Sie einen schlechten Kaffee vorgesetzt bekommen?*
Kaffee, der lang auf der Heizplatte stand, schmeckt einfach furchtbar. Als Gast bin ich beleidigt und lasse den Kaffee stehen.

Ich bin bei Kaffee verwöhnt, aber ich kriege oft sehr guten Kaffee. Ich passe natürlich auch auf. Man sieht ja, was für Maschinen in den Lokalen stehen. Sie können eigentlich immer dahin gehen, wo sie vernünftige Vollautomaten haben. Weil die immer frisch mahlen und vernünftig aufbrühen. Um die Glaskannen auf der Heizplatte mache ich einen Bogen. Das verträgt auch mein Magen nicht mehr. Solch ein Kaffee ist eine Qual.

Stimmt gar nicht, dass echte Kinotypen nur Hochprozentiges in sich hineinschütten: Auch auf der Leinwand sorgt ein Schluck aus der Kanne für große Momente

SABINE HORST

# Was macht müde Helden munter?

Echte Filmhelden trinken. Man denkt an coole Männer, die melancholisch in halbleere Whiskeygläser starren. An funkelnde Martinis, serviert in glamourösen Casinos. An Champagnercocktails, mit denen Al Capone seine Prohibitionsgewinne feierte. Aber was stärkt und wärmt den Recken, wenn alle Schießereien ausgetragen, alle Partys gefeiert und die Romanzen zu Ende sind? Hier kommt der Kaffee ins Spiel.

Wie eine unterirdische Quelle plätschert er durch die Kulturgeschichte der bewegten Bilder. Still, aber stets verlässlich spendet er dem Helden Energie. Eine legale Droge, ein Genuss, den man höchstens mit ein bisschen Herzklopfen bezahlt, aber das sieht man auf der Leinwand nicht. Er ist geschlechts- und klassenneutral, besonders in den Vereinigten Staaten, die ihn dem Tee vorgezogen und als „refill" demokratisiert haben. Einen Kaffee aus einem malerisch heruntergekommenen Diner oder „to go" aus dem Pappbecher können sich selbst die noch leisten, die geschieden und pleite sind. Wie Bruce Willis in der Rolle des völlig verkaterten Cops John McClane, dem am Anfang des dritten „Stirb langsam"-Films hohe Dosen Aspirin und Koffein verabreicht werden müssen, bevor er sich dem Moloch New York und dem Meisterverbrecher Jeremy Irons stellen kann.

Anders als bei den Liedern, die böse Menschen angeblich nicht haben, kann man am Kaffeegebrauch allerdings nicht den „good guy" vom „bad guy" unterscheiden. Mit viel Zucker und Sahne nimmt Harvey Keitel als „Cleaner", der in „Pulp Fiction" die Spuren eines Mordes verwischen soll, den Kaffee zu sich. Während draußen im Wagen zweier dämlicher Gangster das Blut eines Kleindealers von den Scheiben tropft, wird drinnen über teure Premiumbohnen diskutiert. Und der Cleaner nippt zierlich an seiner Tasse. „Mmmh.“ So viel Zeit muss sein.

Das weiß wiederum keiner besser als der klassische Hollywoodkriminelle mit Migrationshintergrund, der Mafioso. Eine der größten Kaffeeszenen im Kino gibt es in der kleinen Krimikomödie „Freshman“, in der Marlon Brando in einer Reprise seiner Rolle als „Der Pate“ einem jungen Mann erklärt, wie ein ordentlicher Espresso beschaffen sein muss – mit raunender Stimme, aus dem Halbdunkel seines Büros, vor sich die Tasse, den Zucker, den Löffel, zelebriert er das Kaffeetrinken als kleine Schwarze Messe. Als ginge es um einen Millionendeal.

Am meisten Kaffee wird wahrscheinlich im Western getrunken, obwohl er in der Prärie doch eher schwer zu kriegen ist. Keine Pionierfamilie in den Filmen von John Ford, die nicht das blauweiße Porzellan auf dem Treck durchs Monument Valley gerettet hätte. Kein Rancher, der nicht einen Hüter von Lagerfeuer, Kaffeedose und Zuckervorrat an seiner Seite wüsste, wie in Filmen wie „Red River“ und „Rio Bravo“. Kein Hotel im Western, kein „Sheriff's Office“ ohne Ofen und Blechkanne.

Und gerade hier, bei einem Kaffee zwischen Shenandoah River und den Blauen Bergen, werden Männer, denen man eigentlich härteren Stoff einschenken möchte, schwach und sentimental, gerade hier evoziert das scheinbar so alltägliche Getränk Erinnerungen. „Ist mein Kaffee fertig?“, fragt ohne weitere Einleitung der Herumtreiber Cheyenne, als er in „Spiel mir das Lied vom Tod“ bei Claudia Cardinale einkehrt. Rund um Kessel und Tassen glimmt zwischen beiden die Möglichkeit einer Romanze auf, kulminierend in dem Satz: „Du kochst bestimmt einen guten Kaffee.“ Und am Ende, es ist ausgetrunken, bemerkt Cheyenne sentimentalisch: „Manchmal erinnerst du mich an meine Mutter. Sie war weiß Gott die größte Hure in Alameda, aber sie war eine herrliche Frau. Und ob mein Vater ne Stunde mit ihr zusammen war oder einen Monat – er ist bestimmt ein glücklicher Mann gewesen.“ Hat es am Kaffee gelegen?

Ohne Kaffee ist jedenfalls auch das Kino eine schlappe Sache. Nicht umsonst hat sich der Kultregisseur Jim Jarmusch über Jahre hinweg mit dem Getränk beschäftigt: Die kleinen Episoden von „Coffee and Cigarettes“ entstanden am Rande der Dreharbeiten zu seinen Filmen. Und schließlich soll ja die Webcam eigens des Kaffees wegen erfunden worden sein. Anfang der Neunziger, als das World Wide Web noch neu war, wurden es ein paar findige Computerlaboranten der Universität Cambridge leid, immer nachzusehen, ob die Kaffeemaschine ein paar Stockwerke tiefer noch lief. Auch in Frankfurt oder Sidney konnte man bald das Bild vom „Trojan Room Coffee Pot“ empfangen. Eine ziemlich sinnfreie Veranstaltung, sollte man meinen.

Aber irgendwie – herzerwärmend.

BURKHARD WEITZ

# Ganz konfessionell

„Gezellig" trinken die holländischen Reformierten nach dem Gottesdienst ihren Kaffee – in der Kirche. Undenkbar für gute italienische Katholiken!

Der Pfarrer hat den Segen gesprochen. Die ersten Gottesdienstbesucher streben Richtung Ausgang. Dort, im hinteren Teil der Amsterdamer Backsteinkirche, verströmt ein Kaffeespender seinen Duft: ein großer Thermosbehälter mit Hebel. Das helle Geräusch von Flüssigkeit, die in kleine, schmale Gefäße sprudelt, das Knistern von Plastikbechern zwischen lebhaften Gesprächen: „Wat leuk", sagen die Leute, zu Deutsch:

„Wie schön." Oder: „prachtig" („wunderbar"). Oder: „gezellig" („gemütlich"). Ältere Herren in feinem Zwirn zücken Blättchen und Shag (Tabak) und drehen Zigaretten. Unter dem Renaissancegewölbe aus Backstein darf geraucht werden. Es ist schließlich eine reformierte Kirche, gestandene Calvinisten versammeln sich hier. Sind Bibellese, Predigt und das letzte Lied zum Preise der Ehre Gottes verklungen, haftet dem Ort nichts Heiliges mehr an. So sehen es jedenfalls die niederländischen Reformierten. Und sie praktizieren es auch so. „Gezellig koffie drinken" („gemütlich Kaffee trinken") ist angesagt – wenn auch im Stehen. Kaffee mit dem Fair-Trade-Siegel der Max-Havelaar-Stiftung muss es sein. Ihren Namen verdankt die Stiftung einer gleichnamigen Romanfigur, die schon Mitte des 19. Jahrhunderts die Verfehlungen der niederländischen Kolonialpolitik anprangerte. Gewissenhafte calvinistische Kaffeekunden wissen die herbe Gesellschaftskritik des Romans zu schätzen. Das Gemäuer ist ihnen nicht unbedingt heilig – aber das Leben.

Mit dem Kirchkaffee lässt sich Konfessionskunde treiben. Kaum vorstellbar, dass in Italien eine barocke katholische Kirche mit Kaffeeduft und Zigarettenqualm entweiht würde. Dort signalisiert der Wohlgeruch des Weihrauchs noch lange nach der Messe, dass das Heilige keinesfalls mit dem Priester den Raum verlassen hat. Vorne brennt das ewige Licht, im Tabernakel liegt die gewandelte Hostie aus: wahrhaftiger Leib Christi. Wie könnte da ein gläubiger Katholik, quasi im Angesicht des fleischgewordenen Gottes, aus einer Tasse – oder gar einem Plastikbecher – Cappuccino schlürfen? Mehr noch: Der Priester hat das letzte Wort der Messe gesagt, „Ite, missa est“ (zu Deutsch: „Geht hin, es ist Aussendung“). Ein Plausch bei einem Caffè Latte oder einem Espresso, eine Art Zusammenrottung von Laien zwecks Nachbesprechung der Messe, wäre für richtige Katholiken vollkommen undenkbar!

In Sachen Kirchkaffee ist in Deutschland die Kultur der Lutheraner bestimmend. So bestimmend, dass ihnen die hiesigen Katholiken den Brauch manchmal sogar nachahmen. Lutheraner nehmen wie in vielen anderen konfessionellen Fragen auch in dieser Angelegenheit eine Zwischenposition ein. Für sie ist die Kirche nicht geweiht wie bei Katholiken. Weihrauch? Igitt, angeblich beißt der in der Nase und macht rammdösig. Dann schon lieber Kaffeeduft. Das Tabernakel gibt es bei Lutheranern auch nicht. Geweihte Hostien gelten ihnen als Budenzauber, damit will man nichts zu tun haben. Im Prinzip wäre es kein Problem, im Kirchenschiff an einer Tasse Kaffee zu nippen. Allerdings, so ganz wohl wäre dem Lutheraner auch nicht, wenn man das Kircheninnere derart profanisieren würde. Dort muss nach dem Gottesdienst andächtige Stille herrschen, damit ein jeder seiner innerlichen Frömmigkeit nachspüren kann. Zumindest theoretisch. In der Realität schließt der Küster gleich nach dem Gottesdienst die Kirchtür ab. Wer jetzt nicht dringend zur

Zubereitung von Sonntagsbraten, Kartoffeln und Gemüse nach Hause eilt, weicht in den Gemeindesaal aus, schreitet über den staubig sandigen PVC-Fußboden und setzt sich an einen Resopaltisch auf einen unbequemen Holzstuhl. Er starrt vorbei an dicken Stoffvorhängen und pflegeleichten Kakteen hinaus in die verregnete Außenwelt. Und er zieht im wohlig geheizten Innern des Gemeindehauses tief den Duft von deutschem Filterkaffee in die Nase. Dazu gibt es Dosenmilch und den Inhalt einer Mischpackung Spritzgebäck aus dem Supermarkt. Frau Meyer erzählt von ihrer Arthrose, Frau Schulze hat Post von der Tochter in Amerika. Herrlich! Es ist zehn nach elf. Der Sonntag kann beginnen.

ANNE BUHRFEIND

# Bleiben oder gehen?

Jetzt muss auch mal die Erörterung eines vielleicht abseitigen Problems erlaubt sein. Nämlich: Ist es normal, sich im Café die Haare schneiden zu lassen?

Warum eigentlich nicht? Irgendwas muss man ja machen, beim Kaffeetrinken. Schließlich kann man nicht immer lesen. Lesen im Café ist natürlich der Klassiker, kommt gleich nach Lesen im Kaffeesatz und ist vielleicht bald genauso überholt. Oder haben Sie schon mal versucht, in den gepressten Resten Ihres Espresso eine goldene Zukunft zu entdecken? Da finden Sie doch höchstens Schimmel – weil Sie wieder mal wochenlang vergessen haben, den Behälter Ihres Vollautomaten auszuleeren. Na, egal. Ich wollte sagen: Man kann im Zusammenhang mit dem Kaffeetrinken so viele schöne Dinge tun. Statt Kaffee und Kuchen gibt's um die Ecke neuerdings Kaffee und Buchen: Australien, Neuseeland oder nur Paris. Ein Reisebüro also, mit Caféanschluss und nicht ungemütlicher als eine Starbucks-Filiale. Oder Cup & Cut. Ein Heißgetränk hilft, die Wartezeit beim Friseur zu überbrücken, während Wasserstoffsuperoxid und Ammoniak für ein helles Köpfchen sorgen, verschafft schwarzer Kaffee einen wachen Geist. Auch nicht schlecht: die Änderungsschneiderei, die Galao und Pasteles serviert. Frühstückscafés, wo lokale Modelabels ihre T-Shirts und Mützen verkaufen. Und es gibt Lifestylekaufhäuser, die uns zwischen Designermöbeln, Küchenutensilien und orientalischer Deko einen Latte macchiato servieren lassen, den wir natürlich bezahlen sollen, und möglichst auch noch die Maschine, die ihn produziert hat.

Immerhin: Die wollen, dass wir bleiben. Die wollen, dass wir uns gut fühlen in ihrem Ambiente, wo alles seinen Preis hat und zum Mitnehmen ist. Besser als die geschäftigen angeketteten Kaffeeköche, die uns selbst mit einem kleinen Espresso „to go" auf die Straße schicken wollen …

Obwohl: das hat ja auch was. Eine Kollegin hatte mal einen Wasserrohrbruch in ihrer Eigentumswohnung, ganz schlimm vor allem die Sorge ums Ahornparkett. Sie rief den Klempner an, der kam eine halbe Stunde später – und zwar mit Muffins, Latte macchiato und Morgenzeitung. „Jetzt trinken Sie erst mal einen Kaffee", hat er zu ihr gesagt.

Tja, was man beim Kaffeetrinken alles machen kann: die Ruhe bewahren zum Beispiel.

libertad
79

GERLINDE GEFFERS

# Warum der Nica-Kaffee früher gar nicht schmeckte

Zwei GEPA-Mitarbeiter können das erklären. Gerd Nickoleit importierte 1979 den ersten Soli-Kaffee aus Nicaragua. Hans Jürgen Wozniak berät Kleinbauern, damit sie besseren Kaffee produzieren

*Nica-Kaffee hat scheußlich geschmeckt. Warum haben die Leute ihn in den Achtzigern trotzdem getrunken?*
*Gerd Nickoleit:* Es ging nicht um den Kaffee, es ging um Solidarität mit Nicaragua. Es gab eine große Bewegung in der alternativen Szene, die sagte damals: „Wir müssen dem Volk von Nicaragua in seinem Kampf gegen den Diktator Somoza beistehen.“ Nach „el triunfo“, der Revolution im Juli 1979, wollten die Leute den Aufbau unterstützen. Einige sind sogar nach Nicaragua gereist,

um den Leuten bei der Kaffee-Ernte zu helfen – ob das eine Hilfe war, ist eine andere Sache. Auf jeden Fall ging es um Solidarität mit einem Land, das aus eigener Kraft einen Weg gegen die USA eingeschlagen hatte und daraufhin von Washington boykottiert wurde. Zur Solidarität gehörte daher, Produkte aus Nicaragua zu konsumieren, vor allem Kaffee.

*Wie haben Sie die Kontakte geknüpft?*
*Gerd Nickoleit:* Anfangs haben wir uns an die staatliche Organisation Encafe gewandt, die nach der Revolution den Kaffeevertrieb verstaatlicht hatte. Ich bin im September nach der Revolution nach Nicaragua gereist und habe dort mit dem auch bei uns sehr bekannten Priester und Schriftsteller Ernesto Cardenal gesprochen. Der hat mir den Kontakt zu Encafe verschafft.

*War Ihnen damals klar, wie schlecht der Kaffee schmeckte?*
*Gerd Nickoleit:* Ich war überhaupt kein Kaffee-Experte. Heute weiß ich: Kaffee aus Nicaragua ist kein schlechter Kaffee, er hat nur einen hohen Säuregehalt, der deshalb üblicherweise mit anderen Sorten gemischt wird. Aber es ging ja um die Unterstützung von Nicaragua, deshalb konnte er damals nicht gemischt werden. Hinzu kam, dass aus Nicaragua nach der Revolution anscheinend alle Kaffee-Experten ins Ausland abgewandert waren und die Leute bei Encafe auch keine Fachleute waren. Wir hatten also auf beiden Seiten mehr guten Willen als Fachkenntnisse.

*Sie haben erst Anfang der neunziger Jahre angefangen, an der Qualität zu arbeiten. Warum so spät?*

*Gerd Nickoleit:* Lange Zeit ging es gut. Der Handel der GEPA war eine Solidaritäts- und Bildungsgeschichte. Die Story vom Nica-Kaffee ist da sehr charakteristisch. Vor lauter Solidarität haben wir lange keine fachliche Rückmeldung an die Produzenten gegeben. So bekamen wir auch nicht immer die beste Qualität. Die ist anscheinend nach Russland verschickt worden und von dort auf dem Weltmarkt verscheuert worden. So wurde Schritt für Schritt die Qualität des Kaffees schlechter – unabhängig vom naturgemäß hohen Säuregehalt. Schließlich sind bei der Verarbeitung noch zusätzliche Fehler gemacht worden. Bei uns kam auf einmal Kaffee mit überfermentierten Bohnen an. Der hat gestunken und war wirklich nicht mehr zu trinken. Ich habe einen Brief an Encafe geschrieben und fragte: Leute, wie könnt ihr an uns, die wir doch so solidarisch sind, einen derartigen Mistkaffee liefern? Die Antwort war: An wen denn sonst?

*Das war zu viel.*

*Gerd Nickoleit:* Genau. Bis dahin hatten wir uns auf der Solidaritätsschiene über Wasser gehalten.

Aber dieser schlechte Kaffee hatte unser Image praktisch kaputt gemacht. Das war der Punkt, an dem die GEPA einen Kaffee-Experten eingestellt hat. Wir haben Druck gemacht und uns selbst erheblich verändert. Wir haben gelernt, dass Entwicklung auch etwas mit permanenter Verbesserung zu tun hat. Ohne Qualitätsprodukte haben weder die Kaffeebauern noch wir hier eine Chance. So sind wir umgeschwenkt vom alternativen Kaffee zum fairen Kaffee und zu Qualitätsprodukten.

*Herr Wozniak, damit war Ihre Stunde gekommen. Wie haben Sie es geschafft, aus bitterem Soli-Kaffee hochgelobten Qualitätskaffee zu machen?*
*Hans Jürgen Wozniak:* Das war ein Lernprozess. Am Anfang wussten die Kaffeebauern nicht, was der hiesige Markt will. Und in Europa wussten die meisten nicht, was die Kaffeebauern können. Ich bin Agraringenieur und hatte damals bereits fünf Jahre lang Kleinbauern im Kaffeeanbau beraten – drei Jahre mit dem Deutschen Entwicklungsdienst in Bolivien und zwei Jahre auf einer privaten Kaffeeplantage in Mexiko. Ich wusste, was man den Kaffeebauern abverlangen kann.

*Was verlangt der hiesige Markt?*
*Hans Jürgen Wozniak:* Gut aufbereiteten Kaffee. Ein Kaffee ist richtig gut, wenn er vollaromatisch schmeckt, ohne dass er bitter und sauer ist. Daher war unser oberstes Primat eine „saubere

Tasse“: Im Kaffee dürfen keine fermentierten, schwarzen oder sauren Bohnen sein. Also haben wir eine maximale Defektzahl festgelegt. So haben wir jede einzelne Genossenschaft angeleitet, uns den Kaffee zu liefern, der für den Markt am besten war. Das hat etwa zwei Jahre gedauert.

*Was musste ein Kleinbauer lernen?*
*Hans Jürgen Wozniak:* Er musste sorgfältiger arbeiten. Das fängt bei der Ernte an. Er darf nur reife Kirschen pflücken, denn frühreife oder unreife Kirschen schlagen bis in die Tasse durch. Die reifen Kirschen muss der Kaffeebauer gleich verarbeiten. Er darf sie nicht ein paar Tage vor sich hinmodern lassen. Das Fruchtfleisch muss also abgeschält werden. Dann werden die Kaffeebohnen fermentiert. Das ist ein Gärungsprozess. Er läuft in einer Wanne unter Luftabschluss ab und wird von kaffee-eigenen Enzymen gesteuert. So löst sich der zuckerhaltige Schleim, der die Bohnen umhüllt. Das ist nötig, damit der Kaffee trocknen kann. Wenn der Bauer nicht aufpasst, hat er überfermentierte Bohnen. Daraus entstehen Stinkerbohnen, ranzige Bohnen. Die können den ganzen Kaffee versauen. Um die Gärung zu stoppen, wird der Kaffee gewaschen. Anschließend wird er getrocknet – in der Regel auf Zementflächen. Das kann vier, fünf, ja bis zu zehn Tage dauern. Abends wird der Kaffee zusammengeschoben und wegen der Nachtfeuchtigkeit abgedeckt, tagsüber wird er alle halbe Stunde bewegt, so dass nicht nur die obere Fläche trocknet.

Dann liegt er als Hornschale vor, als sogenannter Pergamino-Kaffee. Bis zu diesem Stadium muss der Bauer auf die Qualität achten.

*Den Rest macht die Genossenschaft?*

*Hans Jürgen Wozniak:* Ja. Die Genossenschaft schält zuerst die Hornschale ab. Dann werden die Defektbohnen ausgelesen. Das sind schwarze Bohnen, Bruchbohnen, überfermentierte Bohnen, unreife Bohnen. Die sind farblich unterschiedlich und werden per Hand verlesen – meistens von Frauen. Zum Schluss sortieren sie die Bohnen nach Größen. Auch das ist wichtig. Wenn Sie eine Mischung aus kleinen und großen Bohnen haben, dann verbrennen beim Rösten die kleinen oder die großen sind nicht ganz fertig geröstet.

*Das klingt sehr aufwendig. Wie haben Sie die Genossenschaft davon überzeugt?*

*Hans Jürgen Wozniak:* Damals lagen die Preise bei 70 Dollar pro 100 amerikanische Pfund. Die GEPA hat 132 Dollar bezahlt, also fast das Doppelte. Dann haben wir gesagt: Für so einen Preis muss man auch eine Mindestqualität erwarten. Und diesen Standard haben wir relativ hoch gesetzt. Das war natürlich schwierig, da die Kooperativen an Solidaritätsleistungen gewöhnt waren. Sie haben erst Jahre später gemerkt, dass ihr eigenes Produkt auf einmal marktfähig war.

*Heißt das, die Genossenschaften haben ihren Kaffee auch an andere verkauft?*
*Hans Jürgen Wozniak:* Das war eigentlich der Knackpunkt der Geschichte. Wir konnten sowieso nicht die ganze Produktion aufkaufen. Wir hatten nur den damals begrenzten Markt über die Dritte-Welt-Läden. Ich erinnere mich, wie ich mit Vertretern von Genossenschaften in Hamburg bei einem ganz normalen Importeur war. Der hat ihnen erklärt: Für Ihren Kaffee zahle ich nur soundso viel. Die Bauernvertreter waren stumm und haben keinen Ton gesagt. Vier Jahre später war ich mit den gleichen Leuten wieder bei Importeuren. Wieder haben sie gesagt, wir zahlen den und den Preis, und da haben die Bauern geantwortet: Dafür verkaufen wir nicht. Wir wissen heute, dass unser Produkt mehr wert ist. Sie haben ihren eigenen Preis dafür festgesetzt.

*Haben sie ihn bekommen?*
*Hans Jürgen Wozniak:* Sie haben ihn bekommen. Warum? Weil das Produkt nun wirklich marktfähig war. Es war ein richtiger

Hochqualitätskaffee – von der Zubereitung her, von der Aufbereitung bis hin zur Tassenqualität.

*Vom Soli-Kaffee zum fair gehandelten Hochqualitätskaffee. Ist das auch ein politischer Schwenk?*

*Gerd Nickoleit:* Es ist auch ein politischer Schwenk. Anfangs gab es die Soli-Produkte. Kaffee aus Nicaragua, Kaffee aus Tansania, um Präsident Nyerere zu unterstützen, später Wein aus Algerien, dann Kerzen aus Südafrika. Die haben getropft, aber man hat sie gekauft, um eine Gruppe in Soweto zu unterstützen. Bei den Soli-Produkten ging es um alternativen Handel – um ein Konzept des Handels mit sozialen und politischen Hintergründen. Das war durchaus erfolgreich. Wir aber wollten mit diesem Ansatz in die Breite gehen. Uns ging es dann weniger um politische Alternativen in einzelnen Ländern, sondern generell um Handel unter besseren Bedingungen. Unserer Meinung nach kann man das marktwirtschaftliche System nicht kippen. Aber man kann innerhalb des Systems wichtige Veränderungen herbeiführen. Unsere Grundziele und unsere Zielgruppe, die kleinen Produzenten, sind die gleichen geblieben. Aber heute wollen wir mit handfesten Regeln dafür sorgen, dass bessere Bedingungen und ein besserer Preis eingeführt werden. Wir wollen fairen Handel.

*Bleiben wir beim Kaffee. Die großen Röster reagieren nervös auf den Druck von NGOs und beginnen eigene Nachhaltigkeitsprojekte zu initiieren. Warum treiben Sie Handel, statt politisch Druck zu machen?*

*Hans-Jürgen Wozniak:* Ich bin misstrauisch, wenn es um die Nachhaltigkeits- und Bildungsprojekte der großen Röster geht. Die Qualitätsverbesserung kommt ja in erster Linie dem Röster zugute und nicht dem Bauern. Der soll mehr leisten und die Qualität verbessern, aber er kriegt dafür nicht mehr Geld. Da ist ein Widerspruch. Wenn ich vom Bauern verlange, mehr zu leisten, muss ich auch mehr bezahlen.

*Gerd Nickoleit:* Alternativer Handel hat immer zwei Aspekte gehabt. Das eine ist, Missstände anzuprangern, und das andere, zu zeigen, dass es Alternativen zum regulären Handel gibt. Der alternative Handel hat gezeigt, dass er Kunden mobilisieren kann. Das ist eine viel stärkere Herausforderung für Tchibo und Co. Das gilt besonders beim Kaffee, der ja einen extremen Preisverfall erlebt hat. Wir haben gezeigt, dass Kunden bereit sind, einen höheren Preis zu zahlen – trotz der allgemeinen Geiz-ist-geil-Mentalität. Die Idee eines Mindestpreises und eines zusätzlichen Entwicklungszuschlages ist bei den Kunden angekommen. So haben wir die Idee eines fairen Kaffeepreises in die Diskussion gebracht. Das ist eine politische Erfolgsgeschichte geworden. ■

REINHARD MAWICK

# Starker Stoff vom alten Meister

Er hat nicht nur den Herrn gelobt, sondern gelegentlich auch irdischen Genuss: Johann Sebastian Bach und seine Kaffeekantate

War Johann Sebastian ein Barpianist? Quatsch. Ein Stehgeiger, der einen beim Essen im Lokal nervte? Natürlich nicht. Der Thomaskantor steht unverrückbar als Meister genialer, großartiger, herzbewegender, aber doch zumeist ernster Klänge in der Musikgeschichte. Aber halt, schweigt stille, plaudert nicht, ausgerechnet der Kaffee baut eine Brücke zu einer anderen, handfesten, ja möglicherweise sogar leicht verruchten Seite des Meisters.

Der steht 1734 im Zenit seines Schaffens, wenngleich der 49-Jährige schon einige Enttäuschungen mit einer „sonderlichen Obrigkeit" hat erleben müssen, wie er zwei Jahre später in einem Brief an seinen Schulfreund Georg Erdmann klagt. Damit meint er die nervtötenden Auseinandersetzungen mit dem Direktor der Thomasschule und dem Rat der Stadt Leipzig, die ihm auf vielfältige Weise das Leben schwermachen. Auch der Dienst in der Thomasschule ist für Bach eine Fron. Es geht ja nicht nur um Musik, selbst Latein muss er seinen Eleven beibringen.

Freude gibt es für ihn nur einmal die Woche, nämlich freitags, wenn er mit seinem Collegium Musicum auftritt. Im Winterhalbjahr abends im „Café Zimmermann" in der Katharinenstraße, im Sommerhalbjahr ab nachmittags im dazugehörigen Kaffeegarten vor den Toren Leipzigs. Das Collegium Musicum war ein Studentenorchester, dessen Leitung Bach sehr viel Spaß gemacht haben muss, denn er leitete das Collegium von 1729 bis 1737 und nach zweijähriger Pause ab 1739 wieder für mehrere Jahre. Hier konnte er endlich, wie damals, während seiner glücklichen Jahre als Hofkapellmeister in Köthen, jene weltliche Musik machen, die ihm im Rahmen seiner umfangreichen kirchlichen Pflichten versagt blieb: Orchesterwerke, Solokonzerte – und sogar mal was Schräges.

Ja, Bach hatte Sinn für musikalisch Schräges, ja selbst Derbes, daran kann kein Zweifel bestehen, auch wenn leider kaum etwas davon überliefert ist. Die sogenannte Kaffeekantate „Schweigt stille! Plaudert nicht!“ ist ein prächtiges Beispiel dafür. Dazu muss man wissen, dass Kaffee damals als exotisch-exklusives und ein bisschen verruchtes Getränk galt. Genau in Bachs Geburtsjahr 1685, so vermutet der renommierte Bachforscher Hans-Joachim Schulze in seiner Monografie über die Kaffeekantate („Ey! Wie schmeckt der Coffee süße!“, Leipzig 2005), eröffnete in Leipzig das erste Kaffeehaus „Zum Arabischen Coffe Baum“ (ein Lokal, das es übrigens heute noch gibt)!

Wie umstritten der braune Sud seinerzeit war, belegt das berühmte Kinderlied „C-A-F-F-E-E“, das seit der ersten Hälfte des 18. Jahrhunderts vor dem „Türkentrank“ warnt – die Türken hatten erst wenige Jahrzehnte zuvor Wien belagert. Mehr noch als vor den Orientalen oder gar dem Koffein fürchtete man sich aber vor dem Kaffeehaus als Lasterhöhle. Ziemlich Unziemliches wurde diesen Etablissements nachgesagt: „1697 setzte der Leipziger Rat den Gerichtsfron und die Stadtknechte in Marsch, um die Kaffeehäuser zu visitieren. Gemeine Weiber und loses Gesindel wurden verhaftet und in wohl abgestuftem Verfahren

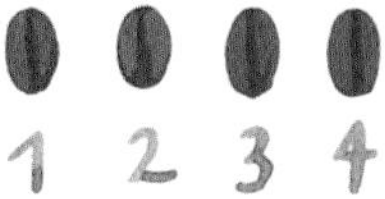


mit Schlägen und Landesverweisung bestraft oder mit Geldbußen belegt", weiß Hans-Joachim Schulze zu berichten. Diese Aktion verbesserte den Ruf der Kaffeehäuser nur unwesentlich. Im Jahre 1715 ist im „Frauenzimmer-Lexicon" des Leipzigers Siegmund Corvinus, genannt „Amaranthes", zu lesen: „Kaffeemenscher heißen die liederlichen Weibsbilder, so in Kaffeehäusern das Mannsvolk bedienen und ihm alle willigen Dienste erweisen." Offensichtlich wurde Kaffee damals gedanklich eng mit dem ältesten Gewerbe der Welt verbunden.

Knapp zwanzig Jahre später, 1734, als Bach mit seiner Kaffeekantate aufwartet, hat sich die Lage beruhigt. Aus den öffentlichen Kaffeestuben werden nur noch selten Ärgernisse berichtet, dafür scheint nun der häusliche Konsum des schwarzen Goldtrunks umstritten zu sein. Das legt jedenfalls der Inhalt des Bach-Werkes nahe. Im Libretto ist von einem Vater die Rede, der den wenig schmeichelhaften Namen Schlendrian trägt und von seiner Tochter Liesgen. Die beiden tragen mittels Rezitativen und Arien einen musikalischen Vater-Tochter-Konflikt aus. Vater Schlendrian (Bass) findet es furchtbar, dass seine Tochter anscheinend nur noch an Kaffee denkt. „Du böses Kind, du loses Mädchen! Ach, wann erlang ich meinen Zweck: Tu mir den Coffee weg!", mahnt er sie im ersten Rezitativ. Liesgen (Sopran) lässt jedoch keinen Zweifel daran, dass ein Verzicht auf den geliebten „Coffee" nicht infrage kommt, sie retourniert mit losem Mundwerk: „Herr Vater, seid doch nicht so scharf! / Wenn ich des Tages nicht dreimal / mein Schälchen Coffee trinken darf, / so werd ich ja zu meiner Qual / wie ein verdorrtes Ziegenbrätchen." Was dazu führt, dass der Vater mit etlichen Repressalien droht, sollte das Liesgen dem Gift nicht entsagen. Sie dürfe nicht ausgehen, bekomme keine neuen Kleider und keinen neuen Schmuck, ja sie soll sogar nicht mehr ans Fenster treten dürfen!

Weshalb sich der Herr Papa so aufregt, dafür gibt das Libretto der Kantate keinen Grund an. Doch man sollte „Schweigt stille" nicht mit zu viel logischen Gedanken befrachten, handelt es sich doch eher um eine augenzwinkernde Parabel aus der Reihe „Liebe ist stärker als der Tod": Um sein Liesgen doch noch vom Kaffeeschälchen wegzulocken, verkündet der Alte nämlich, sie dürfe nicht heiraten. Schlendrian: „Wohlan! So musst du dich bequemen, auch niemals einen Mann zu nehmen." Liesgen: „Ach ja! Herr Vater, einen Mann!" Und weiter: „Bis ich den Coffee lassen kann? / Nun! Coffee, bleib nur immer liegen! / Herr Vater, hört, ich trinke keinen nicht." Schlendrian: „So sollst du endlich einen kriegen!" Das hört Liesgen nur zu gerne: „Heute noch, lieber Vater, tut es doch! Ach, ein Mann! / Wahrlich, dieser steht mir an! / Wenn es sich doch balde fügte, / dass ich endlich für Coffee, / eh ich noch zu Bette geh, einen wackern Liebsten kriegte."

Keine Sorge, Bach und sein Librettist lassen den alten Schlendrian nicht triumphieren! Die heitere Kaffeemusik endet mit einem Rezitativ des namenlosen Erzählers, der im Tenor verschwörerisch berichtet: „Nun geht und sucht der alte Schlendrian, / wie er vor seine Tochter Liesgen / bald einen Mann verschaffen kann. / Doch Liesgen streuet heimlich aus: Kein Freier komm mir in das Haus, / Er hab es mir denn selbst versprochen / und rück es auch der Ehestiftung ein, / dass mir erlaubet möge sein, / den Coffee, wenn ich will, zu kochen." Nicht Kaffee oder Liebe, sondern Kaffee und Liebe heißt also die Devise, die im Schlussterzett noch bekräftigt wird: „Die Katze lässt das Mausen nicht, / die Jungfern bleiben Coffeeschwestern. / Die Mutter liebt den Coffeebrauch, die Großmama trank solchen auch, / wer will nun auf die Töchter lästern!"

Welch musikalischer Spaß! Der noch lustiger wird, wenn wir uns vorstellen, wie Bach dieses Werk im Kaffeehaus anno 1734 zu Gehör gebracht hat. Damals war es undenkbar, dass Frauenzimmer bei Konzerten des Collegium Musicum mitwirkten, das gab es erst Ende des 18. Jahrhunderts. Also muss Liesgens hohe Sopranpartie von einem, womöglich in Frauenkleidern agierenden, Mann gesungen worden sein. Das alles inmitten eines fröhlichen Kaffeehausvölkchens, das mit einem konzentrierten Konzertpublikum bildungsbürgerlicher Prägung sicherlich wenig gemein hatte. Nicht umsonst hat Bach die Publikumsberuhigung ganz zu Beginn in seine Kaffeekantate hineinkomponiert: „Schweigt stille, plaudert nicht, / und höret, / was itzund geschicht".

War Bach vielleicht doch ein Barpianist? A bissel schon.

# Gutes Getränk, schlechtes Gewissen

MAREIKE FALLET UND NILS HUSMANN

Darf man das Zeug überhaupt noch trinken? Ein E-Mail-Wechsel zwischen zwei Kollegen, die wegen des Weltklimas sogar das Betriebsklima riskieren

Lieber Nils, gerade gelesen: Für die Herstellung einer Tasse Kaffee werden, mit allem Drum und Dran, 140 Liter Wasser verbraucht. Schlechtes Gewissen bekommen, heute nur eine Tasse getrunken statt zwei. Dafür bin ich jetzt müde. Und gleich ist Konferenz. Grüße von Mareike.

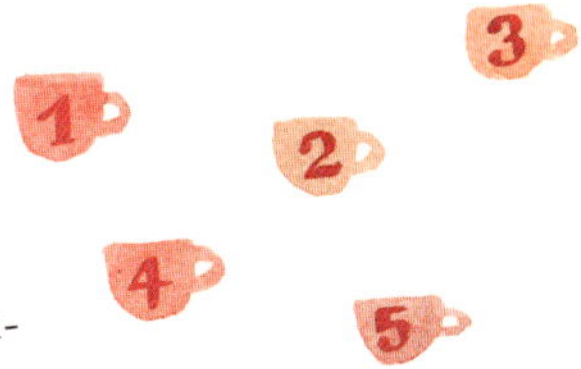


*Ja, Mareike, so ist das mit der Erkenntnis. Wer sie hat, muss was ändern. Gut gemacht! Gruß, Nils.*

Lieber Nils. Soll ich jetzt deswegen das Kaffeetrinken ganz aufgeben und damit ein paar arme Kaffeebauern in Kenia in die Pleite treiben? Außerdem: Was sagt der Chef, wenn mir in der Sitzung die Augen zufallen? Ratlos: Fallet.

*Hey Fallet, wie wäre es denn hiermit: Du trinkst weiter Deinen Kaffee, sicherst damit die Existenz Deines Kaffeebauern – aber reflektierst mal zu Hause Deinen Wasserverbrauch. Nils.*

Klugscheißer. Aber um meinen eigenen bescheidenen Wasserverbrauch zu Hause geht es doch gar nicht. Es geht um das virtuelle Wasser, so nennen sie nämlich diese 140 Liter. Virtuell. Das heißt, es ist eigentlich doch nicht da. Oder was. Schönen Abend übrigens, ich geh jetzt heim.

*Guten Morgen, Mareike. Das Wasser wird tatsächlich verbraucht, vermute ich. Der Autor hat Mittelwerte gebildet. Die Kaffeeplantage muss bewässert werden, die Verarbeitung verbraucht Wasser, der Transport auch, da kommt einiges zusammen. Bist Du sauer, dass sich jemand die Mühe gemacht hat, diese Strukturen mal darzustellen?*

Weißt Du, Nils, es scheint in Mode gekommen zu sein, den Verbrauchern ein schlechtes Gewissen zu machen. Hui, Klimawandel. Was bringt mir diese Zahl? Ändern kann ich es ja doch nicht. Nehme ich auch noch einen Löffel Zucker in den Kaffee, zack, kommen weitere 50 Tassen Wasser auf mein Konto. Sagt zumindest dieser englische Umweltjournalist Fred Pearce, der das alles ausgerechnet hat. Ja, es ärgert mich, ich fühle mich gegängelt. Mareike.

*Aha: Menschen, die über rohstoffintensive Strukturen informieren, wollen also allen anderen nur ein schlechtes Gewissen machen? Das glaube ich nicht. Sollen sie es verschweigen? Der Punkt ist doch: Du fühlst Dich angesprochen. Das spricht für Dich – offenbar ist Dir nicht alles egal, oder? Erfreut: Husmann.*

Lieber Nils! Ich will nicht die ganze Zeit drüber nachdenken, was ich konsumiere. Ich trinke gerne Kaffee. Außerdem finde ich es ärgerlich, dass so viele Wissenschaftler oder irgendwelche

Autoren sich auf diesen Trend stürzen – und jeder hat eine andere Theorie, wie vermutlich die Welt untergehen wird. Prompt lese ich von dieser Rinder-Methangas-Diskussion. Ja, Kühe rülpsen. Das war schon immer so. Nun sind sie mitverantwortlich für die Erderwärmung – und ich auch, weil ich Rindfleisch esse. So. Jetzt geh ich mittagessen. Vielleicht gibt es ja auch ein vegetarisches Gericht. Gruß, Mareike.

*Moment! Da wird einfach ein Problem beschrieben, Mareike. Das ist wie mit dem Film von Al Gore, „Eine unbequeme Wahrheit". Der beschreibt auch nur einen problematischen Zustand, wie die Rechnung mit den 140 Litern Wasser. Aber seit der Klimadebatte gibt es einen Trend, die Verantwortung für ein Problem immer beim Einzelnen zu suchen. So nach dem Motto: „Du Klimaferkel, mach deine Stand-by-Schaltung aus, dann kannst du die Erderwärmung aufhalten!"*

Ach Nils, ich meine aber was anderes: Eigentlich darf ich auch keinen Tee mehr trinken, ist ja auch eine Pflanze, die Wasser braucht. Und die armen ausgebeuteten Teebauern. Ich soll auch keine Milch trinken, denn ein Glas Milch kostet 1000 Liter Wasser – und dann rülpsen all diese Rinder. Was ist eigentlich, wenn ich Wasser trinke? Verstehst Du? Man dürfte gar nichts mehr. Nicht mal Grundbedürfnisse befriedigen. Von Auto fahren und die Wohnung heizen ganz abgesehen. Lieben Gruß, Mareike.

*Hallo? Jetzt krieg Dich mal wieder ein! Niemand will Dir was verbieten! Aber Frage bleibt doch: Ist es klug, auf der Grundlage von Strukturen zu leben, die einen so hohen Naturverbrauch zur Folge haben, dass wir die Ökosysteme gefährden? Ich finde: nein! Aber ich muss jetzt auch was arbeiten.*

Eine Frage noch: Du hältst mich für eine Umweltsau, richtig?

*Nee. Na ja. Wenigstens keine größere als andere Leute auch. Bis später. Nils*

Wir leben, also sind wir Verbraucher. Es gibt Menschen, die versuchen ihr Leben so emissionsfrei wie möglich zu gestalten. Wie dieser New Yorker Colin Beavan, der seinen $CO_2$-Ausstoß und den seiner Familie (Frau, Tochter und Hund) quasi auf null runterfahren will. Statt Auto, Bus, U-Bahn: Fahrrad fahren. Keinen Lift mehr benutzen, keinen Kühlschrank, keinen Staubsauger, kein Klopapier. Er kauft nur Lebensmittel, die innerhalb von 400 Kilometern wachsen und verarbeitet werden. Also zum Beispiel keinen Reis. Und – was viel schlimmer ist – keinen Kaffee. Und so weiter. Das alles klingt nicht besonders genussfreudig. Mareike.

*Nein, das geht zu weit. Aber ein bisschen Sensibilität kann ja nicht schaden. Also, ich finde, mal beim Energieversorger nachzufragen, wie viel Kohlendioxid der ausstößt, um Deinen Strom zu erzeugen, das ist nicht zu viel verlangt. Und dann kannst Du ja auch gleich den Kaffeeröster Deines Vertrauens fragen, wie sehr seine Lieferanten auf einen schonenden Umgang mit Wasser achten …*

Nils! Es reicht! Wir gehen jetzt mal einen Kaffee trinken, ja?

THOMAS ÖSTREICHER

Wie kocht man denn nun den perfekten Kaffee? Warum schmeckt Nescafé nur auf dem Campingplatz? Fragen über Fragen und einige Antworten

# Was Sie schon immer über Kaffee wissen wollten

● ● ● *Sind braune Filtertüten besser als weiße? Oder ist das wie bei den Frühstückseiern – Farbe egal?*

„Es ist in der Tat so, wie man vermutet: Die Farbe der Kaffeefilter hat keinen Einfluss auf deren Qualität. Ob weiß oder braun, also sauerstoffgebleicht oder ungebleicht: Für den Kaffeegeschmack hat dieser Unterschied keine Bedeutung. Auch das Umweltschutzargument hat seit der Umstellung auf chlorfreie Sauerstoffbleiche an Bedeutung verloren. In Deutschland liegen naturbraune Kaffeefilter in der Verbrauchergunst vorne, unsere Nachbarn in Frankreich hingegen bevorzugen weiße Kaffeefilter. Schon seit 1936 – 28 Jahre nach der Erfindung des Kaffeefilters durch die Dresdner Hausfrau Melitta Bentz – gibt es den Kaffeefilter in seiner heute noch gültigen Tütenform. Seit 1998 gibt es Melitta-Filtertüten auch mit einem hohen Anteil an Bambuszellstoff, einem besonders schnell nachwachsenden Rohstoff. Zwei verschiedene Sorten Melitta-Filtertüten verleihen dem Kaffee mit ihrer speziell entwickelten Papierstruktur je nach Wunsch einen milderen beziehungsweise kräftigeren Geschmack. Kompostierbar sind sie alle."

Martin Linnemann, Melitta, Minden

● ● ● *Wie kocht man den perfekten Kaffee?*

„Es kommt auf etliche feine Details an. Zunächst ist der Mahlgrad wichtig. Bei zu feiner Mahlung wird der Kaffee zu streng im Geschmack, während bei zu grober Mahlung ein zu dünner, leer schmeckender Kaffee das Ergebnis ist. Wenn möglich, den Kaffee stets frisch mahlen und die Verpackung sofort wieder verschließen! Die Dosierung: Für eine Tasse Kaffee werden sechs bis acht Gramm gemahlenen Kaffees benötigt. Zu viel Kaffeepulver macht den Kaffee bitter.

Selbstverständlich ist auch die Wasserqualität von großer Bedeutung für den Kaffeegeschmack. Das Wasser muss so schnell wie möglich erwärmt werden, damit während der Aufheizzeit so wenig Sauerstoff wie möglich verloren geht. Zu kalk- oder chlorhaltiges Wasser birgt die Gefahr, dass Aromastoffe des Kaffees nur schlecht gelöst werden. Wasserfilter sind nützlich, ersatzweise kann Leitungswasser auch mit Mineral- oder Tafelwasser gemischt werden.

Die Aufbrühtemperatur des Wassers sollte zwischen 90° und 96° C liegen. Der Siedepunkt darf nicht überschritten werden. Maschinen sind meistens richtig eingestellt – wenn Sie aber von Hand aufbrühen, lassen Sie das kochende Wasser circa 30 Sekunden abkühlen.

Kaffee sollte nur für den unmittelbaren Bedarf aufgebrüht und dann keinesfalls länger als 30 Minuten aufbewahrt werden, weil er sonst einen unangenehmen Geschmack annimmt. In einem Thermobecher aus doppelwandigem Aluminium bleibt der Kaffee bei geschlossenem Deckel länger warm und frisch als in einer herkömmlichen Tasse.

Zu beachten ist auch die trockene und kühle Lagerung des Röst-

kaffees. Bei Verwendung einer Vorratsdose ist darauf zu achten, dass vor allem der gemahlene Kaffee nicht lose eingefüllt, sondern mit der Packung in der Dose aufbewahrt wird. Das Umfüllen führt sonst zu einem unnötigen Aromaverlust, und im Kaffeemehl enthaltene Wachse und Fette sowie ätherische Öle setzen sich in den Randungen der Dose ab, werden im Lauf der Zeit ranzig und beeinflussen den Geschmack des Kaffees negativ. Kaffee, vor allem in gemahlener Form, nimmt zudem sehr schnell fremden Geruch an.
Softbags mit Aromaschutz halten den Kaffee über Monate röstfrisch. Bereits gemahlener Kaffee sollte bei geöffneter Verpackung aber innerhalb einiger Wochen aufgebraucht werden."

Christian Burger, QGR Handels GmbH, Krailing, www.coffeeflavor.de

*Wie bereiten echte Cowboys ihren Kaffee zu?*

„Für einen guten Kaffee feuchtet man ein Pfund Kaffee mit Wasser an und lässt alles zusammen eine halbe Stunde köcheln. Dann macht man die Hufeisenprobe: Geht das Eisen unter, war's zu wenig Kaffee ..."

Küchenchef im Comic „Lucky Luke – Stacheldraht auf der Prärie" von Morris und Goscinny, Dupuis 1967/Koralle 1974

*Wieso schmecken Nescafé & Co. nur auf dem Campingplatz?*

„Das hat etwas mit dem Urlaubsgefühl zu tun. In den Ferien ist man wesentlich lockerer und ungezwungener, man nimmt vieles nicht mehr so ernst. Gefriergetrocknete, lösliche Kaffees sind ja ein verändertes Produkt, das mit dem normalen Bohnenkaffee wenig zu tun hat. Manche würden sagen, das hat gar nichts mit Kaffee zu tun, aber damit wird man den Herstellern nicht gerecht. Trotzdem kenne ich Menschen, die damit auch zu Hause kontinuierlich ihren Kaffeebedarf decken, nicht nur im Urlaub. Es hat eben jeder seinen individuellen Geschmack, und das ist gut so."

Thomas Stühlke, Experte für Kaffeekultur und -geschichte, Hamburg

● ● ● *Funktionieren auch Kaffeebeutel?*

„Das habe ich mich auch gefragt und es einfach mal selbst ausprobiert: Ich habe einen gewöhnlichen Teebeutel vorsichtig geöffnet, den Tee entfernt und stattdessen Espressopulver hineingefüllt. Damit es echter aussieht, habe ich noch ein schickes Etikett mit Kaffeebohne dafür gedruckt. Den Kaffeebeutel habe ich dann wie einen Teebeutel verwendet. Im Prinzip war mein Versuch erfolgreich. Aber weil ich sehr fein gemahlenen Espresso eingefüllt habe, ist viel Kaffeepulver durch das Filterpapier in die Tasse geraten. Hier empfiehlt sich wohl gröber gemahlenes Pulver. Außerdem könnte man noch frischen, selbst gemahlenen Kaffee verwenden, der etwas stärker schmeckt, denn in meinem Versuch war der Kaffee ziemlich dünn, vielleicht auch weil er nicht lange genug gezogen hat. So weit also der Selbstversuch. Es gibt auf dem Markt bisher eine Art Beutel, diese Pads, aber dabei benötigt man eine spezielle Maschine. Damit ist der Bequemlichkeitsvorteil des Beutels, für den man nur eine Tasse und heißes Wasser braucht, dahin. Ein Kaffeebeutel für die schnelle Tasse zwischendurch oder auch für unterwegs und in unterschiedlichen Geschmacksrichtungen wäre ideal. Vielleicht findet sich ein Interessent, der Kaffeebeutel herstellen möchte?"

Arne Pottharst, Student, Darmstadt, www.wg9.net/kochen/kaffeebeutel

*Wie entfernt man das Koffein aus dem Kaffee?*

„Seit seiner Einführung im Jahr 1906 ist Kaffee Hag schnell zum Gattungsbegriff für entkoffeinierten Kaffee geworden. Er wird von Koffein und vielen Reizstoffen weitgehend befreit und behält dabei sein volles Aroma und den milden Geschmack. Bei der Entkoffeinierung von Rohkaffee handelt es sich um ein Extraktionsverfahren, bei dem das Koffein aus den Rohkaffeebohnen herausgelöst wird. Dafür werden unterschiedliche Methoden angewendet, zum Beispiel werden Wasser und Kohlensäure als ‚Lösungsmittel' eingesetzt. Das Quellenkohlensäure-Verfahren, das heute in der Herstellung von Kaffee Hag zum Einsatz kommt, geht auf eine 1972 patentierte Idee des Max-Planck-Instituts zurück. Bei diesem besonders schonenden Entkoffeinierungsverfahren werden zunächst die Kaffeebohnen in einem Befeuchtungsbehälter mit heißem Wasser aufgeschlossen. In der zweiten Stufe durchströmt die Bohnen natürliche,

unter sehr hohem Druck stehende Quellenkohlensäure. So löst sich das Koffein aus den Bohnen. Der entkoffeinierte Rohkaffee wird anschließend getrocknet und geröstet, dabei entfalten sich Geschmack und Aroma des Kaffees."

Sabine Peters-Halfbrodt, Pressesprecherin Kraft Foods Deutschland/Österreich/Schweiz

*Wieso macht Kaffee die einen wach und die anderen müde?*
„Die Feststellung in dieser Frage basiert meines Erachtens auf Hörensagen – gesicherte Studien dazu kenne ich nicht. Grundsätzlich hat Kaffee eine anregende Wirkung, die die meisten Menschen auch verspüren. Dieser Effekt des Kaffees wird jedoch durch Gewöhnung abgeschwächt. Daher kann bei der einen Person bereits eine Tasse Kaffee als sehr anregend empfunden werden. Starke Kaffeetrinker hingegen erreichen möglicherweise erst nach mehreren Tassen Kaffee die gleiche Wirkung.
Hinzu kommt die subjektive Wahrnehmung des Einzelnen. Zum Beispiel trinken viele nach dem Essen gerne einen Kaffee, und da kann es vorkommen, dass Menschen trotz – nicht wegen – des Kaffees müde werden, da sie einfach zu viel gegessen haben, was man auch ‚postprandiale Müdigkeit' nennt. Vor allem gezuckerter Kaffee lässt wie alle zuckerhaltigen Lebensmittel und Getränke den Blutzuckerspiegel schnell ansteigen, aber auch schnell wieder absinken, was ebenfalls als Müdigkeit empfunden werden kann.

Insbesondere bei älteren Menschen kann Kaffee am Abend getrunken das Einschlafen sogar fördern, denn es bedarf auch zum Einschlafen einer gewissen Durchblutung des Gehirns. Die blutgefäßerweiternde Wirkung des Kaffees fördert die Durchblutung. Bei Menschen mit verminderter Durchblutung wird so das Maß an Blutversorgung des Gehirns erreicht, das zum Einschlafen notwendig ist. In solchen Fällen würde es dann eben mehr als einer Tasse Kaffees bedürfen, um abends wieder richtig wach zu werden."

Dr. Antonie Danz, Ernährungswissenschaftlerin, Köln

*Bohnenkaffee ist schon lange kein Luxusgut mehr – wozu gibt es noch Getreidekaffee?*

„Caro ist das leckere Heißgetränk für Jung und Alt. Vor allem aber wird Caro von ernährungsbewussten Frauen getrunken, die ihn als natürliches Getränk zum Wohlfühlen schätzen. Zum einen, weil Caro nur aus den rein natürlichen Zutaten Gerste, Gerstenmalz, Zichorie und Roggen besteht, und zum anderen, weil es kein Koffein enthält und Sie ihn zu jeder Tages- und Nachtzeit trinken können. Heute immer öfter auch als Caro macchiato selbst zubereitet mit leckerem Milchschaum – nicht nur für den Gaumen, sondern auch optisch ein Genuss."

Barbara Groll, Marken- und Produkt-PR, Nestlé Deutschland AG, Frankfurt

c
a
f
f
e
e

*Wo gibt's eigentlich fairen Biokaffee?*

„Auf jeden Fall in den Weltläden. Früher hießen die Dritte-Welt-Läden, sie sind entstanden, nachdem Anfang der Siebziger viele Menschen für eine andere Entwicklungspolitik auf die Straße gegangen waren. Das waren die sogenannten Hungermärsche, organisiert von kirchlichen Jugendverbänden. In der Folge wurden auch die ersten Produkte vertrieben, damals noch symbolisch, um über die Situation der „Dritten Welt" aufzuklären. Die Weltläden und viele Ehrenamtliche in Initiativen und Aktionsgruppen spielten schon damals eine wichtige Rolle, um die Idee des Fairen Handels weiterzuverbreiten. Heute werden Weltläden oft zu Fachgeschäften in guten Lagen, ganz professionell, mit tollen Schaufenstern und neuer Kundschaft. Nach wie vor sind sie aber die Multiplikatoren der politischen Idee, die sich für eine gerechtere Weltwirtschaft einsetzt. Unseren fairen Biokaffee gibt es aber auch im Supermarkt, im Bio- und Naturkosthandel, in Firmenkantinen, Ministerien, Museen oder Fußballvereinen. Der jährlichen Nachfragesteigerung von bis zu 30 Prozent nachzukommen, stellt ein relativ kleines Unternehmen wie die GEPA vor ganz schöne Herausforderungen. Gleichzeitig stellen wir fest, dass der Markt sich spaltet – in ein Billigsegment mit geringerer Qualität auf der einen Seite und hoch qualitative Kaffees auf der anderen, was die Sorten und die Verarbeitung betrifft. Für uns erzeugt das eine erfreuliche Nachfrage, denn immer mehr Kunden wählen Produkte wie Kaffee und Schokolade ganz bewusst. Sie wollen genießen und sind bereit, auch einen höheren Preis für eine bessere Qualität zu zahlen, für Premiumkaffee, fair gehandelten Kaffee und vor allem auch für Bioqualität. Perspektivisch bin ich sicher, dass die hohe Nachfrage anhalten wird, und ich sehe darüber hinaus für GEPA-Kaffee noch riesige Potenziale."

José Garcia, GEPA, Wuppertal

● ● ● *Warum gibt es bei uns kein kostenloses Kaffeenachschenken („Free Refill"), wie es in den USA üblich ist?*

„Amerikanische Essensketten verheimlichen ihren deutschen Kunden einen zentralen Service aus der Heimat: Free Refills, also das Recht, nach dem Kauf eines Getränks beliebig oft kostenlos nachzunehmen. Das gilt in der Regel nur für Softdrinks und Säfte, nicht für Bier oder Cocktails – so toll sind die USA dann auch wieder nicht. Eiswasser und Kaffee bekam man immer schon umsonst nachgefüllt.

Amerikaner sehen Free Refills als eine Art Grundrecht an und reagieren daher besonders ungläubig, wenn amerikanische Ketten in Deutschland es nicht anbieten. Aber auch amerikanische Großkonzerne sind nicht gegen den Kulturimperialismus immun. Bei McDonald's im neuen Berliner Hauptbahnhof hat man zumindest faktisch Free Refills eingeführt: Die Getränkeautomaten stehen unbeaufsichtigt einige Meter neben dem Tresen und man bekommt nur noch einen Becher in die Hand gedrückt. Noch hat das Nachfüllen dort für die Teenager den Reiz des

Verbotenen („Jetzt! Sie gucken nicht!"), und ältere Gäste schauen einen vorwurfsvoll an, als wäre man ein Dieb. Macht nichts: Die nächste Generation wird Free Refills für völlig selbstverständlich halten und die übernächste wird bei USA-Reisen erfreut feststellen, dass auch Amerikaner Free Refills kennen ..."

Scot W. Stevenson, Autor des Blogs „USA erklärt", Berlin, http://usaerklaert.wordpress.com

● ● ● *Wie entfernt man Kaffeeflecken?*

„Alte, durch das Waschen nicht entfernte Milchkaffeeflecken brauchen eine zwei- bis dreistündige Behandlung mit Enzymen zur Eiweißspaltung. Eiweißabbauende Enzyme sind im Voll- und Colorwaschmittel enthalten, noch besser wirksam sind die Enzyme aus dem Baukastensystem. Vermischen Sie die Waschmittel mit warmem Wasser und lassen Sie den Brei einwirken. Voll- und Colorwaschmittel wegen des alkalischen pH-Wertes nicht auf Wolle und Seide einsetzen!"

SWR Fernsehen, „Kaffee oder Tee?"

„Teppichreinigung von Kaffeeflecken und Teeflecken: Kaffeeflecken mit einer Lösung aus Feinwaschmittel und Wasser betupfen, bis sich die Schmutzpartikel des Kaffees gelöst haben. Diesen Vorgang mit klarem Wasser so lange wiederholen, bis keine Waschmittelreste mehr aufschäumen. Bei hartnäckigen Flecken auf weißer Wäsche sollte man einen Entfärber benutzen und die Wäsche anschließend waschen. Frische Flecken können oft durch sofortiges Übergießen mit kohlesäurehaltigem Mineralwasser entfernt werden. Bei Naturfasern führt Kaffee zu einer Verfärbung und auch ältere Flecken lassen sich kaum noch vollständig entfernen. Versuchen Sie es dennoch: mit Zitronensaft ausgiebig beträufeln, dann mit Quark bestreichen und vier bis fünf Stunden einwirken lassen. Nach dem Trocknen ausbürsten und dann noch einmal mit Waschmittelschaum abtupfen."

René Graeber, Teppichreiniger, Preetz

„Tipp 1: Zu je 50 Prozent Weißweinessig und Alkohol anmischen und das Kleidungsstück hineintauchen. Versuchen Sie nun, den Fleck mit einem Schwamm vorsichtig auszureiben. Tipp 2: Reiben Sie den Fleck großflächig mit Glyzerin ein und lassen das Ganze zehn bis zwanzig Minuten einwirken. Danach das Kleidungsstück mit viel Wasser auswaschen und den Fleck in feuchtem Zustand ausbügeln."

André Clieves, Dirk Cusian, Clean Team Gebäudereinigung, Hamburg

„Kaffeeflecken reibt man mit Glyzerin ab und wäscht die Stelle anschließend mit heißem Wasser aus. Bei Baumwolle und Leinen reicht eine Behandlung der Kaffeeflecken (ohne Milch) mit heißem Wasser aus."

Carola Enning, Hohenwestedt, www.hausfrauenseite.de

Als unser Autor den Hans am Küchenfenster der Männer-WG stehen sah, wusste er, dass etwas nicht in Ordnung war. Ganz und gar nicht in Ordnung …

# Was, wenn der Kaffee aus ist?

MARK KUNTZ

Als ich Hans am Fenster stehen sah, wusste ich, dass etwas nicht in Ordnung war.

Die Wohngemeinschaft, in der ich damals wohnte, verfügte über einen großzügigen Wohnflurküchenbereich mit Tresen. Das war super. Kam man am frühen Abend zur Haustür herein, hatte man das Gefühl, eine Kneipe zu betreten, die gerade geöffnet, aber noch keine Gäste hat. Musste man mitten in der Nacht aufs Klo, ging man durch eine Kneipe, aus der gerade die letzten Gäste gegangen waren. Bieraroma und kalter Rauch hingen noch in der Luft. Es war eine Männer-WG.

Als ich mir an einem Sonntagmorgen den Weg aus meinem Zimmer durch eben jenen Wohnflurküchenbereich zum Klo bahnen wollte, sah ich Hans am anderen Ende des Tresens stehen. Er stand mit dem Rücken zu mir, sah aus dem Fenster, schüttelte resigniert den Kopf und hielt etwas in der Hand.

„Guten Morgen, Hans", sagte ich so gut gelaunt, wie es eben nur ging, sonntagmorgens um halb zehn.

„Hallo", sagte Hans matt, irgendwie auch wund.

„Hans?", fragte ich besorgt nach – ich konnte immer noch nicht sehen, was er da in seiner Hand hielt, ahnte aber, dass dieser Gegenstand in direktem Zusammenhang mit seiner aktuellen Befindlichkeit stand – „alles in Ordnung, Hans?"

Hans würgte leise, ging ein wenig in die Knie, dann drehte er sich zu mir um und schwenkte den Gegenstand in der Luft. Ich sah gegen das Licht der jungen Morgensonne eine bedruckte Dose schimmern und hörte ein wenig Pulver gegen dünnes Metall rieseln.

Ich zog meine Augenwinkel zusammen, um genauer sehen zu können:

„Hans, was ist das, was meinst du?“

„Das“, sagte Hans und deutete auf die Dose, „das war's für mich, Schluss, Aus, Ende.“

Nun wusste ich von Hans, dass der junge Morgen nicht gerade sein Freund war, hatte allerdings bis dato keine suizidalen Neigungen an ihm feststellen können. Trotzdem wollte ich seine Einlassungen nicht auf die leichte Schulter nehmen.

„Hans“, sagte ich gedämpft und beschwichtigend, „ich weiß nicht, was los ist, aber magst du trotzdem darüber reden?“

Hans hob die Hand und deutete mit der Dose in Richtung Dirk, der das dritte Zimmer dieser WG bewohnte und – wie ich gerade merkte – immer noch schnarchte, wie ein Igel.

„Keinen Stress mehr“, sagte Hans, drosch die Dose mit einer Mischung aus Wut und Entschlossenheit, die mir Angst machte, auf das Holz des Tresens, „aus und vorbei, endgültig, ich ziehe aus.“

„Hans“, sagte ich betroffen, „das ist ein harter Schnitt, Hans, warum diese Entscheidung? Und: Hat es etwas mit dieser Dose da in deiner Hand zu tun?“

Hans erwachte wie aus einer Trance und sah auf die Dose. „Du weißt, was mir Kaffee bedeutet, was mir mein Kaffee am

Morgen, ich meine: mein erster Kaffee am Morgen, speziell am Sonntagmorgen bedeutet, du weißt es?“

Wissen wäre in diesem Augenblick zu viel gesagt gewesen, ich glaubte mich aber zumindest zu erinnern, dass Hans morgens mit einer gewissen Unschärfe in der Wahrnehmung sein Zimmer verließ, ohne Brille – die er sonst dringend benötigte – zu einer silbernen Blechdose griff, in der er seinen Pulverkaffee aufzubewahren pflegte, einige zehn Gramm in einen Glasbehälter kippte, Wasser aufsetzte, in sein Zimmer zurückging, seine Brille suchte, mit Brille in die Küche zurückging, Wasser aufgoss und beim Geruch des heißen Wassers auf Kaffeepulver überhaupt begriff, wer er ist, wie er heißt, wo er wohnt und welcher Wochentag ist.

Hans ist seit seinem sechzehnten Lebensjahr schwer kaffeeabhängig und kann sich schon seit Jahren nicht mehr vorstellen, einen Tag ohne sein Kaffeeritual anzufangen. Ohne Brille Kaffee einschütten, Wasser aufsetzen, Brille suchen, finden, aufsetzen, Wasser aufgießen, Kaffeegeruch einatmen, warten, bis die ersten Rezeptoren positiv reagieren, Kaffee durchdrücken, Zucker aus einem Zuckerspender, den er einmal aus einem Hotel geklaut hatte, einschütten, Daumennagel in eine Minidosenmilchpackung bohren und Dosenmilch hinzugeben. Pusten, nippen und warten, bis die erste Kaffeedröhnung die Blut-Hirn-Schranke durchschlägt und seine Lebensgeister schlagartig zum Leben erweckt. So und nur so durfte für Hans ein Tag beginnen.

„Es ist kein Kaffee mehr da“, sagte Hans und deutete auf die Dose. „Er“, sagte Hans und deutete in Richtung Dirk, „hat gestern den letzten Kaffee ausgetrunken“, schüttelte resigniert den Kopf und reckte zornig sein Kinn nach vorn, „und hat keinen neuen nachgekauft.“

Hans überlegte, was er noch sagen konnte, was seine ganze Enttäuschung, Verärgerung und ohnmächtige Wut noch präziser auf den Punkt bringen konnte. Er dachte nach, dann hatte er's. Er sagte: „Das gehört sich nicht.“

„Ich kann schnell welchen holen“, beeilte ich mich zu sagen, ich spürte, dass meine WG, die mir wichtig und teuer war, in diesem Augenblick auseinanderzubrechen drohte.

„Darum geht's mir nicht“, sagte Hans traurig und sah wieder auf die leere Dose in seiner Hand. „Kaffee kann ich mir überall besorgen. Mir geht es um Respekt und Achtung. Der Dirk“, und dabei nickte Hans verächtlich zum Zimmer gegenüber, aus dem das Schnarchen kam, „müsste eigentlich genau wissen, was es mir bedeutet, morgens in die Küche zu gehen und mir meinen Kaffee zu machen. Ohne meinen Kaffee kann ich den Tag vergessen. Das meine ich ernst, und der Dirk weiß es. Trotzdem trinkt er gestern den letzten Kaffee aus und legt sich schlafen. Der Dirk hat keinen Respekt vor mir, ich kann nicht mehr mit ihm unter einem Dach leben.“

Bis eben hatte ich Hans' Reaktion auf die leere Kaffeedose für überzogen gehalten, als eine Art WG-bedingten Lagerkoller eingestuft. Aber als der Hans die Begriffe „Respekt“ und „unter einem Dach leben“ ins Spiel brachte, verstand ich ihn. Hans hatte recht.

Das macht man in der Tat nicht, einem Menschen, der den neuen Tag ohne sein Kaffeeritual nicht willkommen heißen kann, seinen letzten Kaffee austrinken. Es gibt Grundregeln im Zusammenleben, wer gegen sie verstößt, stellt sich außerhalb dieser Gesellschaft.

Hans zog wenige Tage nach dem Vorfall aus. Als in seiner neuen WG ein Zimmer frei wurde, war ich froh, dass er mich als Nachmieter vorschlug. Als ich einzog, stellte ich demonstrativ eine frische Packung „Dallmayr prodomo“ neben seine silberne Dose.

Von Dirk hörten wir in der Folge wenig, und wenn, dann nur Ungutes: Er zahlte seine Miete unregelmäßig, beteiligte sich selten an der Hausarbeit, er soll seine Freundin betrügen und bei seiner ersten Festanstellung soll es bereits nach wenigen Tagen zu Unregelmäßigkeiten gekommen sein.

Hans und ich wohnen schon lange nicht mehr zusammen, treffen uns aber regelmäßig. Auf einen Kaffee.

# „Hier ist er gut“

## Die Lieblingscafés der Autoren

THOMMIE BAYER geht am liebsten ins „Hawelka“ in Wien. Sein neuer Roman heißt „Eine kurze Geschichte des Glücks“.

ANNE BUHRFEIND sieht beim Kaffee gern, wie die Verklicker im Wind zappeln: „Bodos Bootssteg“ an der Hamburger Außenalster.

MAREIKE FALLET hält sich oft im „Café Mozart“ auf, München, Pettenkofer Straße, ihr Kollege NILS HUSMANN trinkt seinen Kaffee am liebsten am Schreibtisch. Sagt er wirklich!

GERLINDE GEFFERS trinkt ihren Arabica im „Peaberries“, in der Gurlittstraße 46 in Hamburg – dazu gibt's Cookies und Bagels.

CHRISTINE HOLCH: „Die Segafredo-Bars in großen Bahnhöfen! Weil dort guter Kaffee prompt und freundlich serviert wird."

SABINE HORST frühstückt oft im „Lesecafé Ypsilon" auf der Berger Straße in Frankfurt – da kann man morgens um acht kommen und fühlt sich doch irgendwie bohemehaft. Anschließend geht sie meist doch zu ihrem Arbeitsplatz bei epd Film.

EDUARD KOPP liebt das uralte „Café Tomaselli" am Alten Markt in Salzburg. „Zeitungen nach Belieben, Kuchen wird zur Auswahl an den Tisch gebracht. Und die Lage im Stadtkern ist unvergleichlich schön."

MARK KUNTZ geht dorthin, wo es noch einen ehrlichen deutschen Filterkaffee „im Stehen" gibt und nicht diesen neumodischen Schnickschnack „to go".

REINHARD MAWICK ist berufsbedingt Stammgast in so etwas Ähnlichem wie einem Café: der DB-Lounge, wo er den mäßigen Automatenkaffee und die Möglichkeit des gelegentlichen Zeitungsklaus genießt. Mawick ist bei chrismon für das Musikprogramm zuständig.

PETER MEYER fühlt sich in der lockeren Atmosphäre von Starbucks ganz wohl. Aber immer, wenn man den Hamburger Journalisten nach einer bestimmten Filiale fragt, nennt er wieder eine von Balzac…

RAINER MORITZ hat in seinem Text schon so viele Cafés empfohlen, dass hier mal sein „eigenes" gelobt werden muss. Im „Hamburger Literaturhaus", das der Kritiker und Essayist leitet, kann man Nobelpreisträger und Nachwuchsautoren kennenlernen, das Frühstück unter Kronleuchtern ist ein Genuss. Schwanenwik 38.

KATHARINA NICKOLEIT trinkt am liebsten den Milchcafé, „den mein Liebster mir ans Bett serviert".

THOMAS ÖSTREICHER, freier Journalist in Hamburg, mag das „Café Größenwahn" im Frankfurter Nordend, Lenaustraße 97. „Ohne das Größenwahn ist Frankfurt unerheblich, das Leben an sich nur schwer denkbar. Das Essen ist auch zu empfehlen."

URSULA OTT geht gern „Immer essen" (Venloer Str. 206 in Köln). Im ehemaligen Ladenlokal gibts fünf Sorten Nussnougatcreme, frischen Kuchen und wahnsinnig gesunden Brotaufstrich.

BARBARA SCHIMMELPFENNIG, Journalistin und GEPA-Sprecherin, mag das „Café Goldmund" in Köln-Ehrenfeld (Glasstraße 2). „Ruhige Atmosphäre, nette Bedienung, anständiger Milchcafé. Der dazugehörige Biergarten mit Blick auf raue Ehrenfelder Bahnhofsromantik ist im Sommer der passende Ort für ein Kölsch."

RAFIK SCHAMI trinkt fast überall gern Kaffee. Und übrigens auch Tee. Sein Text stammt aus seinem Essayband „Damaskus im Herzen und Deutschland im Blick. Beobachtungen eines syrischen Deutschen", © 2006 Carl Hanser Verlag, München.

BURKHARD WEITZ erinnert sich am liebsten an die Stehcafés an der Piazza Venezia. Dort ließen er und seine Frau während einer 14-tägigen Romreise jeden Tag beginnen.

Wie gemalt: LARISSA BERTONASCOS Lieblingscafé in der Juliusstraße

## GEPA – DIE FAIR TRADE COMPANY

Seit über 30 Jahren engagiert sich das Fair Handelsunternehmen GEPA im Fairen Handel und ist damit Pionier auf diesem Gebiet. Qualität soll ihren Preis wert sein: Als größte europäische Fair-Handelsorganisation handelt die GEPA mit 160 Genossenschaften, Vermarktungsorganisationen und engagierten Privatbetrieben in 40 Ländern Afrikas, Lateinamerikas und Asiens langfristig, partnerschaftlich und zu fairen Preisen zusammen. Das Sortiment umfasst rund 300 Lebensmittel und 1000 Handwerksartikel aus aller Welt.

Zu den Gesellschaftern gehören der Evangelische Entwicklungsdienst (eed), die Arbeitsgemeinschaft der Evangelischen Jugend in Deutschland (aej), der Bund der Deutschen Katholischen Jugend (BDKJ) und das Kindermissionswerk „Die Sternsinger". Auch die evangelische Hilfsaktion „Brot für die Welt" ist Mitglied der GEPA-Gesellschafterversammlung. Die Gesellschafter stehen für den Unternehmensauftrag: Gewinne werden wieder in den Fairen Handel investiert. So können Handelspartner bei der Umstellung auf ökologischen Landbau und mit Vorfinanzierungen unterstützt werden. Mehr als 60 Prozent der Lebensmittel tragen das Bio-Siegel oder das Naturland-Zeichen.

Unter www.gepa.de und www.chrismon.de sind Informationen zu finden, wo der Café Wunderbar erhältlich ist.

edition chrismon
Café Wunderbar
Edel, fair und einfach gut
250 g
GEPA




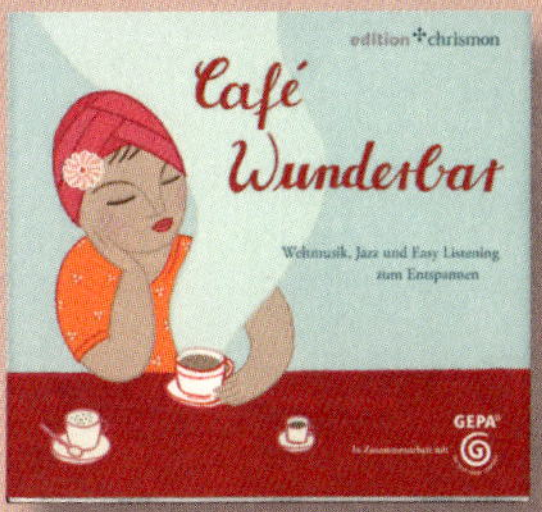

edition chrismon
Café Wunderbar
Weltmusik, Jazz und Easy Listening zum Entspannen
GEPA